中國現代文學
名家傳記叢書

廖大國　著

一個無題的故事——何其芳

欒梅健
張堂錡　策劃

文史哲出版社　印行

國家圖書館出版品預行編目資料

一個無題的故事：何其芳 / 廖大國著. --初版. --
臺北市 : 文史哲, 民 91
面: 公分-- (中國現代文學名家傳記叢書 ; 10)
含參考書目
ISBN 957-549-484-9(平裝)

1. 何其芳 - 傳記 2.中國文學 - 傳記

782.886 91019272

中國現代文學名家傳記叢書 ⑩
欒梅健・張堂錡策劃

一個無題的故事：何其芳

著者：廖大國
出版者：文史哲出版社
http://www.lapen.com.tw
登記證字號：行政院新聞局版臺業字五三三七號
發行人：彭正雄
發行所：文史哲出版社
印刷者：文史哲出版社
臺北市羅斯福路一段七十二巷四號
郵政劃撥帳號：一六一八〇一七五
電話 886-2-23511028・傳真 886-2-23965656
實價新臺幣三〇〇元
中華民國九十一(2002)年十一月初版

ISBN 957-549-484-9

書系緣起

張堂錡
欒梅健

早在一九一四年九月二十三日，胡適就在一篇題爲〈傳記文學〉的日記中，提出了現代「傳記文學」的概念，後來經過多方研究中外傳記，他認爲，傳記是中國文學裏最不發達的一門，因此大力提倡傳記文學的寫作，胡適自己就寫了最早的一部現代自傳《四十自述》，而且還陸續寫作了四十餘部（篇）爲他人立傳的作品，傳主包括老子、吳敬梓、張季直、丁文江等。透過胡適、郁達夫、朱東潤等人的理論開拓，不論是自傳或他傳，在五四新文學運動之後開始大量湧現，較爲人熟知的就有沈從文的《從文自傳》、郭沫若的《沫若自傳》、謝冰瑩的《女兵自傳》、郁達夫的《達夫自傳》、巴金的《片斷的回憶》，以及聞一多的《杜甫》、吳晗的《朱元璋傳》、朱東潤的《張居正大傳》等。這些作品，使中國現代傳記文學的發展逐步臻於繁榮與成熟。時至今日，傳記文學已是現代文學中不可忽視的重要文類之一，各種思想家、文學家、政治人物、社會名人的自敘、自述、回憶錄、懺悔錄、大傳、小傳等，早已充斥於書肆，流行於市井，有時甚且拜名人效應之賜，成爲一時之新聞熱點。如果暫且不論質量，而以數量之可觀來看，胡適當年「最不發達」的感慨，於今看來實已不可同日而語了。

不過，如果撇開往往只有「傳記」而無「文學」的政治、社會名人傳記，而以文學家、思想家爲對象的文學傳記其實不能算多，若要進一步談到優秀與上乘的現代文學傳記那可能就令人不盡滿意了。所謂「優秀與上乘」，以胡適的話來說，就是必須做到「紀實寫眞」的眞實性，「給史家做材料」的史料性，「給文學開出路」的文學性，而且「應該有寫生傳神的大手筆來記載他們的生平，用繡花針的細密工夫來搜求考證他們的事實，用大刀闊斧的遠大識見來評判他們在歷史上的地位」（〈南通張季直先生傳記序〉）；若以郁達夫的觀點來說，則必須「記述一個活潑潑的人的一生，記述他的思想與言行，記述他與時代的關係」，「應當將他外面的起伏事實與內心的變革過程同時抒寫出來，長處短處，公生活與私生活，一顰一笑，一死一生，擇其要者，盡量來寫，才可以見得眞，說得像」（〈什麼是傳記文學〉）。要符合以上的標準並不容易，但所有的傳記文學寫作者不妨以此爲準繩，筆雖偶不能至，心卻大可嚮往之。

一切的文學都是人學。人，是大地上最動人的風景，也是文學世界裏的中心視野。傳記文學之有趣味，有意義，就在於能將一幅幅動人的生命風景鐫刻於歷史的長廊中；但傳記文學的富挑戰性、困難度，也在於人的複雜、多面、變動與深刻，即使有生花妙筆，都不一定能完全掌握傳主的精神、思想與心靈面貌。很多時候，執筆者本身的生命氣質、思想見解、人生歷練與情感投射，與傳主間的互動、感應與啓發，才是一部傳記文學作品能否得其眞、傳其神、見其美的關鍵。因此，一部好的傳記作品，既要能顯現出傳主不凡的思想歷程與生活樣貌，同時也要能表現出執筆者過人的見識與文采，也就是說，一部傳記文學作品所激發、闡釋與揮灑的應是兩個生命的精華，從這個角度而言，閱讀傳記文學實在是「物超所值」、收穫加倍的選擇。當年胡適的大力提倡，今日看來也還是眞知灼見。

基於以上的想法，我們在文史哲出版社不計盈虧的支持下，策劃推出了《中國現代文學名家傳記叢書》，自二〇〇一年元月出版《冰心傳》起，陸續出版了郁達夫、曹禺、巴金、朱自清、周作人、錢鍾書、林語堂、梁實秋等多部文學名家的傳記。我們明知市面上已有其他相關的傳記書籍在流通，但本著提倡傳記文學的使命，以及爲中國現代文學的研究增添一分力量的理念，我們仍決定在這個系列叢書上持續深耕。令人欣慰的是，叢書陸續出版後，得到了許多讀者與研究者的好評與肯定，而這主要是因爲執筆者都是這些文學名家的喜好者與研究者，他們出色的文采與深刻的洞見，使這些傳記煥發出閃耀動人的光華，也使這些傳主的生命在傳記文學裏重新又精彩地活了一回。這些撰稿者中，有的是望重士林的學術前輩，有的是銳氣十足的年輕學者，沒有他們的協助，這套叢書根本不可能問世。爲他人作傳本就不易，何況是爲現代文學史上熠熠耀人的知名作家寫傳，其間的艱苦就更難與人言了。身爲主編，我們眞是非常感謝這些參與撰稿工作的前輩們與朋友們。

出版市場的不景氣已是人人皆知，學術書籍的出版有時一波多折，有時胎死腹中，更令寫作者不勝欷歔。寫書容易出書難，出書容易賣書難，解嘲背後其實有著難言的苦辛，而這套叢書何其幸運在兩年內出版了十本，後頭還有多本陸續出版，每思及此，便不能不由衷地對文史哲出版社彭正雄社長的道義心腸、文化襟抱深深感到敬佩。這套書爲現代文學開了一扇窗，爲兩岸交流搭了一座橋，如果有更多的讀者願意來探窗、渡橋，那就更是美事一樁了。

二〇〇二年歲末序

一個無題的故事——何其芳

目次

前言

在何其芳誕辰九十周年之際，重讀其作品，緬懷其業績，倍增對他的懷念之情，他的人生蹤跡如在眼前。

在地獄式的私塾裏，當師塾先生「手執著長長的竹板子」，「殘酷地打著別人」的時候，何其芳「總是很不安地坐在自己的位子上，不能漠視無覩，又不能講出一句求情的話。」

暗淡寂寞的童年生活，使他「過分早熟地甘心讓自己關閉在孤獨裏」，「在一座小樓上，在籟籟的松濤聲裏，在靜靜的長晝或者在燈光前」，「翻讀著破舊的大木箱子裏的書籍，像尋找著適合口味的食物」，讀得他的臉變成蒼白。他「沉迷於文字的彩色，圖案，典故的組織，含意的幽深和豐富。」十五六歲時接觸了新文學，十七歲開始在一本秘藏的小手冊上以早期流行的形式練習寫詩。

一九二九年秋天，初中畢業，考入上海中國公學預科，讀了一年。他覺得自己就「像一棵托根在磽薄地方的樹子，沒有陽光，沒有雨露」，對新詩更加入迷，並開始用筆名發表「豆腐乾體」詩歌。

一九三〇年秋，他同時考取北京清華大學外文系和北京大學哲學系。就讀於清華大學不久，因高中畢業文憑發生問題，被清華大學除名。失學幾個月後，進入北京大學哲學系學習。他把「衰落的北方的舊都」當作自己的「第二鄉土」。在那裏，他對哲學不感興趣，閱讀了大量的中外文學作品，創作了更多的詩歌和散文。

一九三五年夏，何其芳大學畢業，先到天津南開中學任教一年。次年九月，轉到山東省立萊陽鄉村師範學校任教，他的散文集《畫夢錄》、詩集《漢園集》（與卞之琳、李廣田三人的合集）出版，《畫夢錄》獲《大公報》的文藝獎金。在天津，他「更加苦悶地過了一年」，「更多知道了人的生活的可憐，更多看見了現實的不美滿」；在萊陽，他找到了「精神上的新大陸」，認爲必須「用人的手去把這些不幸毀掉」，決心「要使自己的歌唱變成鞭子還擊到不合理的社會的背上」。

一九三七年九月，何其芳回到家鄉萬縣，任教于四川省立萬縣師範學校，與楊吉甫在《川東日報》上合編《川東文藝》，以推動家鄉的教育和文藝事業的發展。次年轉到成都，在成都聯合中學任教。與卞之琳、方敬、朱光潛、謝文炳等創辦《工作》半月刊，並發表多篇詩文，宣傳抗日。同年八月奔赴延安，九月，到魯迅藝術學院任教，十月，《刻意集》出版。十一月，赴晉西北和冀中抗日前沿生活和工作，一九三九年夏返回延安，擔任魯藝文學系主任。

一九四二年，延安整風運動以後，一度中斷寫詩。一九四四年至一九四五年，曾兩次被派往重慶，作思想文化領域和統一戰線工作，一九四五年出版詩集《預言》、《夜歌》和散文集《星火集》。一九四九年參與籌備全國文學藝術工作者第一次代表大會，同年出版散文集《還鄉雜記》、《星火集續集》。一九五〇年後，出版《關於現實主義》等論文集多部。一九五三年起，擔任中國科學院文學研究所領導工作。「文革」期間，「身經百鬥」，慘遭迫害，被下放到「五七幹校」養豬。粉碎「四人幫」後，刼後餘生的何其芳，體弱多病，仍堅持研究和創作。終因身患癌症，醫治無效，於一九七七年七月二十四日與世長辭。

有人說：「每個人都有他的故事，而且多半是憂傷的。」何其芳的一生，恰似一個「故事長編」，但它卻不多是憂傷的。他曾以「一個平常的故事」爲題，敘述過這個「故事長編」中的片斷。他的一生既平常，又不平常，既有歡欣，又有憂傷，我們似乎很難用一個詞語來確定這個「故事長編」的基調。在他謝世時，又留下了一部「無題」的長篇小說的幾個斷片。所以，我以「一個無題的故事」爲題來爲何其芳作傳。

一個無題的故事——何其芳

第一章　暗淡的童年

一、何家長子

何其芳，原名何永芳，一九一二年二月五日（即宣統三年辛亥臘月十八日），出生在四川省萬縣三正里割草壩一個地主家庭裏。這是一個三代同堂的大家庭，有祖父、祖母、父親、母親和叔父、嬸娘以及姑姑們。

祖父何鐵生，字純鏘，是這個家庭的長者。他思想保守，辛亥革命之後，仍然相信沒有皇帝的時代終將過去。他以封建宗法觀念來維護家庭秩序，並以此影響和制約著所有家庭成員。他熟讀古書，博學多能，懂得醫術，尤其擅長眼科。他並不是專職醫生，而以行醫爲愛好。他經常免費爲鄉親們醫治眼疾，方圓百里，小有名氣，頗受敬重。不僅如此，他還擅長繪畫，所畫花鳥蟲魚、形象畢肖，栩栩如生，這在何其芳幼小的心田裏，播下了藝術的種子。祖母陳氏，是理家能手，知書識禮，並寫得一筆好字。從何其芳三四歲起，她就教他背誦

《千家詩》和《唐詩三百首》。

父親何伯稌，字紹德，不僅相信沒有皇帝的時代不會長久，而且固執地認爲科舉制度將再度恢復。思想的守舊，與他的父親何鐵生相比，有過之而無不及。他吝嗇、貪婪，性格粗暴。他是一個封建的衛道士，又是這個大家庭的主持者。母親楊芙蓉，「名副其實」，年輕時美麗而端莊。

何其芳是何家的長子，他有五個妹妹，一個弟弟。傳統的封建理念，確定了他在何家的特殊地位。無疑，他是長輩的掌上明珠。他們熱切地期望何其芳日後能考取功名，出入仕林，光宗耀祖。

何其芳在《街》一文中說：「我的家鄉在離縣城五十六里的鄉下。」家前屋後有青山、池塘、綠草、蒼翠的竹林和樹林、綠蔭如蓋的黃桷樹。這裏，空氣清新，景色宜人，小鳥自由自在地歌唱，蟋蟀自由自在的彈琴。這裏，曾經是何其芳幼年時期的樂園。

白天，他可以同小夥伴們做打水仗的遊戲：用一截底下留著竹節並穿有小孔的竹筒和一隻在一頭纏裹著許多層布作爲活塞的筷子，做成水槍，先抽動「活塞」吸足水，然後推壓出去，形成「火力」，射向目標。有一次，他站在寨牆上，居高臨下地用水槍掃射「敵人」，戰鬥正酣，不慎失足，從寨牆上摔下而負傷——跌破頭皮，留下了一個傷疤。因此而被弟妹們戲稱為「三隻眼」。

夜晚，年幼的何其芳常常依偎在祖母陳氏的懷裏，要她講說神奇的故事。往往是一個故事講完之後，便口授古詩，要求何其芳一句一句地跟著念，一首一首地背誦。

六歲以前的何其芳，生活得無拘無束，自由自在，他可以在祖母和母親面前撒嬌。然而，作為何家長子，快樂的幼年畢竟是短暫的。

二、「牽牛鼻子」

何其芳六歲那年（一九一八年），被其祖父和父親送進了私塾，四川俗稱之為「牽牛鼻子」。何其芳在《私塾師》一文中回憶道：「見著五六歲的孩子，大人們總喜歡逗他一句，問他哪天『穿鼻』。這是把他比作小牛兒，穿他的鼻是送他上學。但說話的人常故意照著字面解釋，彷彿私塾裏的先生眞有那麼一根繩子，可以穿過頑皮的孩子的鼻子，拴在書桌的腿上，像牧人把牽牛的繩子拴在樹樁上。」其實，「牽牛鼻子」這種說法，也並不是四川所特有的俗稱，例如在江蘇等地也有「穿牛鼻子」、「拘牛鼻子」等大同小異的說法。意思是說，牛犢本來無拘無束，等到其成長到一定的階段，主人便要在牛犢的兩個鼻孔之間穿一個孔，並裝進一個錘狀的檳榔，在檳榔柄的一端繫上韁繩，從而對牛實行牽制，使之有了「拘束」

而不能自由活動。

作爲何家長子的何其芳，是註定要被早早從幼年的伊甸園裏「牽」出來的。

從何其芳六歲入私塾開始，他的父親就對他施行了嚴厲的管教，只許何其芳讀四書五經，而不許他讀小說、詩詞一類的「閒書」、「邪書」、「豔書」；只許他學做試帖詩，而不許何其芳自由玩耍，稍不如意，便順手抓起常備的楠竹板子，朝何其芳劈頭蓋腦打來。父親的「鞭策」，可能是何其芳後來經常頭痛頭昏的病因，同時又在他幼小的心靈上留下了難以磨滅的創傷。對父親的粗暴管教，何其芳在後來的文章中從未作過直接反映，但在他筆下的塾師的某些行爲和舉動中卻折射著其「嚴父」的影子。

何其芳所在的師塾，「沒有星期日，也沒有國慶和國恥等假日。」「除了一些單調的不合理的功課，私塾裏還施行著體罰。它的名目很多，最普通的是罰跪，打手心，打屁股，敲腦袋，揪耳朵。最普通的工具是先生的手和竹板子。」大人們有句口頭語，叫做「黃荊棍子出好人」。「至於私塾先生，有許多是以嚴酷出名的，幾乎越會打學生便越有人聘請。把一個孩子放在那種環境裏，眞是穿了他精神上的鼻子了。」

何其芳先後師從過三個塾師。

他的發蒙先生叫何紹先，是一個老得不喜歡走動說話的老頭子。歲月已壓彎了他的背。

他會用一個龜殼和幾個銅錢卜卦。何其芳曾聽見過他念那卜卦的祝詞，他從文王、周公、孔子一直念到他的一位遠祖。

關於何紹先的這位遠祖，何其芳沒有聽見何紹先的親自敘述，只是從大人們的口中流傳著何紹先這位遠祖的故事：何紹先的這位先祖，曾傾注一生的精力著一部易經注解，並赴京城企圖向皇帝獻上那部書。他耗時半年，歷經千辛萬苦，終於到了京城。但據說皇帝是不看刻印的書籍的，一定要翰林們抄出來才能進呈，他因貧窮，無力買通大臣或請求翰林抄寫，自然也無法將書呈達皇帝手中。但這趟辛苦也並未完全白費，那位遠祖進了縣裏的鄉賢祠，而他自己也落得了一名恩賜秀才。這和他的希望似乎相差甚遠，所以這是他生平的一大憾事。據說，他因此有了半瘋狂的精神狀態，看見紅衣少女便會瘋瘋癲癲，胡言亂語，說她就是他年輕時在京城遇見過的那位宰相的小姐，並在幻想中與宰相家的小姐合而爲一。

何其芳在《私塾師》一文中筆述完這個故事後寫道：「人們都竊笑他，只要說到他這個故事。但我一點也記不起他有過什麼瘋狂的舉動或者什麼異乎常人的地方。」是的，大人們所津津樂道的這個故事，並無異常，如果剔除其竊笑讀書人的潦倒，又何嘗不是啓發蒙童不畏艱辛地從書中求取功名的生動「教材」呢！

一年之後，何其芳又到他的外祖母家進另一個私塾。這個塾師叫周煥然，他善良得像一個老保姆，大的學生簡直有點兒欺負他，小的學生也毫不畏懼。他常給學生講述一些迷人的故事。對於課外活動，先生毫不阻止，有時還和學生們一塊兒散步在那有蟋蟀唱歌的草野間。何其芳在後來的文章中回憶說，在這樣一個私塾裏，他已記不清讀了一些什麼書了，似乎玩的時間比做功課的時間更多。但「玩」中卻使他留下了一些深刻的記憶：

何其芳的那些比他大幾歲的舅舅，也是他的同學，喜歡玩鬥雞、鬥蟋蟀，何其芳也常常從旁觀鬥：「兩隻雄雞對立在石板鋪成的大院子裏，頸間的羽毛因發怒而豎立，而成爲一個美麗的領環，像兩個驕傲的勇敢的將軍。在這樣對峙比勢之後，它們猛烈地奔上前去，猛烈地戰鬥起來了，互相殘忍地用角質的尖嘴啄著對方頭頂上的紅色肉冠，一直到彼此都肉破血流，那光榮的冠冕凋殘得如一朵萎謝的花，自甘敗北的一隻才畏縮地退到後方去。有的戰鬥得很長久，有時退卻之後又重新猛烈地攻擊起來。仿佛至死不肯認輸，必須兩方的主人親自去解開。」

何其芳旁觀兩雞決鬥，「但並不感到快樂，似乎也曾疑惑過爲什麼兩隻毫無仇怨的雄雞，僅僅受了主人的嗾使，就會那樣拼命地殘殺起來。」那時他是一個七八歲的孩子，不知很多動物都有好鬥的天性。至於蟋蟀那樣渺小的東西也都那樣善鬥，更使他感到「驚異」。

一九二〇年，何其芳八歲時，因避時亂，他和弟弟海若等隨母離開家鄉去湖北宜昌避亂，因此輟學三年。一九二三年，何其芳十一歲，從湖北回到了四川萬縣家鄉，重進師塾時，那些原先背誦得很熟的經書幾乎全忘了。

何其芳的第三個塾師叫潘煜廷，從前曾教過何其芳的父親和叔父們。他在何家教書時帶有一個孫子，常常為了一點小事，殘酷地鞭打他的孫子。何其芳對此作過這樣的描述：

那簡直是一幅地獄裏的景象，他右手執著長長的竹板子，臉因盛怒而變得猙獰可怕了；當他每次咬緊牙齒，用力揮下他的板子，那孩子本能地彎起手臂來遮護頭部，板子就落在那瘦瘦的手指上；孩子嗚咽著，顫抖著，不敢躲避，他卻繼續亂揮著板子，一直打到破裂或折斷。①

每當這樣的暴風雨來臨，何其芳「總是很不安地坐在自己的位子上，不能漠視無覩，又不能講出一句求情的話」，「但我看見一個人用他的手那樣殘酷地鞭打著別人，我在衷心裏感到那是十分可怕的，十分醜惡，彷佛他突然變成了一匹食肉類的野獸。」這種情景，很容易使何其芳回想起自己被父親用楠竹板子鞭打的情形和滋味，字裏行間也包含著他對粗暴的父親的憤慨和詛咒。

三、逼上「書山」

私塾先生和何其芳的祖父、父親形成了一股合力，想死死「牽」住何其芳的「牛鼻子」。三十年之後，何其芳回憶道：

私塾的老師給我規定的功課是這樣的：除了經書而外，還要念古文、唐詩和試帖詩的選本；並且每三天之內，一天學作論說文，一天學作七言絕句，一天學作試帖詩。那個作爲功課念的唐詩選本選得並不好，給我的印象不如我自己讀的《唐宋詩醇》深。絕句一共只四句，倒不難胡亂湊成。學作試帖詩卻是一件苦事。試帖詩是清朝考科舉的一種詩體，每篇限定十六句，每句五字；除了開頭兩句和結尾兩句，都要對仗工整；而且平仄講得很嚴格，除了個別的字，一律不准錯用。這種所謂詩，我學做了一年還不能完篇，只做到了八句。把詩當作功課來做，題目都是老師出的，叫作賦得什麼，這和創作是完全不相干的（即使是十分幼稚的創作）。那時侯，清朝已被推翻了十三四年，我還學做那種八股文式的試帖詩幹什麼呢？那是因爲我的祖父很守舊，他堅信還有皇帝要出世，而且堅信科舉制度還要恢復，所以他就請一位老秀才來教我那一套。②

這樣的私塾，完全不適合兒童的智力和興趣。私塾先生和家庭管教，使何其芳的童年過得十分暗淡、乏味，同時也將他「逼」上了「書山」：

從十二歲起，他就養成了在課餘時間自己讀書的習慣。起初是迷於讀舊小說。常常從早晨一直讀到深夜。有一次，他讀《薛仁貴征東》，通宵達旦，讀著讀著不知不覺地睡著了，以致烤火的烘籠燒著了他的衣服。有名的作品如《三國演義》、《水滸》、《西遊記》、《聊齋志異》等，也就是在這些時候讀的。家裏藏書很少，他從一個紅色的大書箱裏，找到了一部《昭明文選》，開始接觸了《兩都賦》、《三都賦》等名作，硬著頭皮讀了一部分，終於讀不下去。又找到一部《賦學正鵠》，從漢魏六朝的短賦、唐朝的律賦、一直選到清初尤侗等人的賦。雖說這並不是一個什麼好選本，然而其中一小部分使他覺得有些滋味。還有一部《唐宋詩醇》，選的是李白、杜甫、白居易、韓愈、蘇軾、陸遊六家的詩，十四歲那年的暑假，他讀完了這部詩選，對他產生了極大的影響，給他留下了深刻的回憶：「記得最能打動我的是李白和杜甫的某些作品。這是我第一次眞正接觸到詩歌。不管當時的理解是怎樣幼稚吧，我是眞正從心裏愛好它們，從它們感到了藝術的魅力，藝術的愉快」，「我愛詩歌就是從這開始」。③

毫無疑問，何其芳在私塾的功課裏，也讀過不少詩，爲什麼讀了上述六家詩才是他「第一次眞正接觸到詩歌」？原因很簡單，私塾生活單調、沉悶；私塾裏所讀、所學做的多半是試帖詩，空洞無物，索然寡味；自從他被逼上課外的書山之後，自由地閱讀並從中品出了藝術的味道，填補了私塾生活的空虛，這怎能不使他感到新鮮、愉悅呢？因此，這段課外閱讀經歷給他留下了美好的回憶：

書籍，我親密的朋友，它第一次走進我的玩具中間是以故事的形式。漸漸地在那些情節和人物之外我能欣賞文字本身的優美了。我能讀許多另外的書了。我驚訝，玩味，而且沉迷於文字的彩色，圖案，典故的組織，含意的幽深和豐富。在一座小樓上，在籟籟的松濤聲裏，在靜靜的長晝或者在燈光前，我自己翻讀著破舊的大木箱裏的書籍，像尋找著適合口味的食物。④

然而，這只破舊的大木箱子裏的「食物」畢竟是有限的，私塾的天地還是狹小的，外面的世界更寬廣。

四、告別私塾

從一九一八年到一九二六年，何其芳斷續讀了五年私塾。

告別私塾，走進新式的學校，這對於何其芳來說，雖不像「蜀道之難，難於上青天」，但也不是一件輕而易舉的事：那時候，他的祖父和父親對於學校教育仍抱有懷疑和輕視的態度，他們總相信這種沒有皇帝的時代不久便要過去，還深深地留在他們記憶裏的科舉制度不久便要恢復起來，所以他們固執地關閉他們的子孫在家裏讀著經史，期待著幻想中的金榜題名。由於一位長輩親戚的支持和何其芳自己的堅決反抗，才使他掙脫舊式私塾的藩籬，到了萬縣縣城，帶著一種模糊的希望和生怯的歡欣，第一次走進了新式學校。何其芳最初進的是萬縣白岩書院（又稱「太白書院」）的萬縣第一高等小學。太白岩，相傳是唐代大詩人李白曾經結廬隱居過的地方，白岩書院因此而得名。從民國初年改爲高小學堂。學校在縣城西邊的太白岩下。據《萬縣誌》記載，該校建成於清光緒十七年，校園內原有李白、黃庭堅等人的塑像，待到何其芳進校時，李白的塑像已不存在，只是在一個教室裏還倒放著一個刻有黃庭堅手跡的石碑。

何其芳告別私塾時，「帶著一分兒早熟的憂鬱，因爲這些陰暗的悠長的歲月的影子是這樣嚴重，沒有什麼手指能從我心上抹去。」然而在鄉下，他這上學的經歷還成了一種被仿效的教育方法，他的一位叔父也要把他的孩子們關閉在私塾裏，到十五歲才讓他們進學校。

私塾生活雖然暗淡、苦澀，但何其芳憑藉自己的聰慧和「自行覓食」以充實其知識饑腸，他的私塾生活的結果也並非一張白紙、一片空白；後來，何其芳遠在外地，每當老家有愛好文墨的親友來訪，他的祖父或父親便要取出何其芳的厚厚的作文簿來給他們觀賞。塾師常給他「文如江河氣似虹」、「匠意獨運」、「老樹著花無醜枝」之類的評語。⑤何其芳自己也說：「文化水平，我自己主要也是念私塾時打下的一點基礎，後來念大學有多大提高，也很難說。」

也許是由於在念私塾期間打下了厚實的知識基礎，何其芳在小學唯讀了一個多學期，就以優異的成績提前考入萬縣中學。

當時的萬縣中學的地址，是從前縣考的考棚。一條又寬又長的石板甬道的兩旁，立著有樓的寄宿舍和教室以及幾株高及瓦簷的孤零零的梧桐。這對何其芳說來，無疑是一個「新的世界」。

不過，這所擁有二百人左右的中學，仍然使他感到陰暗，湫隘，荒涼，寂寞。後來他回憶這段生活時說：「在初級中學裏過了一年半胡鬧的日子，功課沒有好好念，文學也沒有怎樣更加接近。值得提起的事情不過是接受了白話文和有機會讀到了《紅樓夢》。」⑥其實，還有一事值得一提：他在萬縣中學讀初中時，國文成績尤為出衆。一次，萬縣舉行中學生統考，作文題爲《我們爲什麼要讀書》，何其芳以其立意獨到、結構精巧、文筆暢酣而被評爲全縣考生作文第一名。一位賞識他的國文教員給他改名爲何其芳。此時，何其芳開始閱讀更多的文學作品，如冰心、聞一多、泰戈爾等人的名作。

他之所以說在萬縣讀初中時是「胡鬧的日子」，「功課沒有好好念」，可能與該校的局勢紛亂有關。

當時，年齡比何其芳大一些的同學和校外的人聯合攻擊那時的校長，並計議在他被免職時擁出某一個人來。那位常常兩手背在後面邁著方步的校長終於被免職了。不過委派繼任的並不是學生們擬定的人選，而是來自該縣的一個師範學校。兩校出來的人們原本就彼此傾軋，爭鬥，視如仇敵，自然反對那位新校長上任。於是，原來秘密攻擊前校長的人們和他的眞正擁護者聯手挽留他，而且發動了一個可怕的風潮：當新校長到校視事走進校長室所在的後院時，兩旁宿舍裏暴風雨似地擁出了一群武士，嚷著罵著，奔到後院鬧了許久，最後那位可憐的校長交出了校印，臉上和嘴唇上帶著血痕匆匆地逃出了校門。

「以十五歲的孩子的心來接受這種事變，我那時雖沒有明顯地表示憤怒和憎惡，但越是感到人的不可親近。對於成人，我是很早很早便帶著一種沈默去觀察，測驗，而感到不可信任了。」何其芳雖然沒有直接參與這次學潮，但這是非之地不宜久留，於是決定轉學。他和同學孫琴俠一道，先步行到涪陵，然後由涪陵坐船到了重慶，進入治平中學繼續學習。

環境陌生了，生活過得安靜而寂寞，他才重又把課外的時間消磨在文學書上。

在治平中學時，他對兩門課特別用心。一門是幾何，因爲教幾何的老師講得明晰，不枯燥，而且那種邏輯和推理的精密好像有著吸引力，這對少年人的思維是一種有益的訓練；一門就是英文，在這門課上，他讀到了英譯的安徒生童話選集，其中的《小女人魚》、《醜小鴨》和《賣火柴的女孩》給了更深的印象，他甚至認爲那個人魚公主的故事，是世界上最美麗、最動人的故事。是它們引導他更走近了文學。他當時讀得更多的還是五四以後的新文學作品。他特別愛讀冰心的《寄小讀者》和那些題作「往事」的散文，以及她的小詩集《繁星》和《春水》，也讀了泰戈爾的《飛鳥集》和《新月集》。在此影響下，他開始用一個小本子寫起詩來。

他於一九三六年回憶這段經歷說：

一個新環境的變換使我忘記了我那些寂寞的家居中的伴侶。我過了一年半的放縱的學校生活。直到一個波浪把我送到異鄉的荒城中，我才重獲得了我的平靜，過分早熟的甘心讓自己關閉在孤獨裏。我不向那些十五六歲的同輩孩子展開我的友誼和歡樂和悲哀，卻重又讀著許多許多書，讀得我的臉變成蒼白。這時我才算接觸去新文學。⑦

治平中學在江邊。黃昏時，他躑躅在廢圮的城牆上；半夜裏，聽著萬馬奔騰似的江水的怒號；月夜裏，獨自在那滿是樹葉和花枝的影子的校園中走著走著，有了一點感觸，就把它們寫在本子上。寫滿了一本，從未給誰看過，大概是自己覺得幼稚，偷偷地燒掉了。但他並沒有就此洗手不幹。

五、衝出夔門

一九二八年底，何其芳初中畢業，從重慶回到了萬縣家鄉。離家兩年，容顏未改，性格卻較前曠達，他愛幻想，似有「心事浩茫連廣宇」之概，因而得了一個綽號——「大海茫茫」。

是的，何其芳決不甘心蝸居家鄉山間，他「要曠大的曠大的天空」；他決計闖出夔門，這山澗的潺潺聲要流過一匹「山嶺」，並匯入那茫茫的大海。然而，這山澗卻受到了一匹「山嶺」的阻遏。起先，他的父親不准他離家遠走，要給他說親，結婚，生兒育女，守住家業。後來，父親覺得抵擋不住，作了有限的讓步：如要出去，得去北平。因爲北平有他們的一家遠親，可以有個依靠。他激烈反對兒子去上海，擔心兒子在「十里洋場」裏會學壞，遠不如去皇帝住過的京城可靠、放心。何其芳既不想依靠遠親，又不願投奔守舊的北平，他做了一首小詩，表明了他堅持要去上海的最終抉擇，詩中寫道：

時栽食及六月瓜，／學足初中又還家，／欲成壯志往東下！

一九二九年秋天，何其芳不顧父親的反對，與方敬等中學裏的同窗好友，乘坐小火輪，順流而下，去到上海，考入中國上海公學預科。開始了爲期一年的新的學習生活。在此期間，他討厭體育活動，沒看過一次電影，不翻閱社會科學書籍，而特別喜歡英文和文學。

當時，刊物上流行一種每行字數大體整齊、習稱的「豆腐乾詩體」，何其芳便學寫這種「豆腐乾」。這段學詩寫詩的經歷給他留下了難忘的記憶：

那時我對於新詩是多麼入迷呵！我幾乎把所有能夠找到的新詩集子都找來讀完了。我不去好好學高等代數和解析幾何，卻像第一次墜入戀愛的人那樣沉醉於寫詩。⑧

他寫「豆腐乾」寫了兩年，寫滿兩三個本子，其中有些篇章還用筆名發表過。但這些作品多半是一些「幼稚的浮誇的感情的抒寫」，沒過多久就自認爲沒有多少價值了，就連那種形式也被他否定了。這些習作也全被他付之一炬。

何其芳兩度寫詩、焚詩，是一個否定之否定的過程，是他走向詩壇的第一步，也顯示了他對詩歌創作的執著的探索和追求。這兩個階段的「演習」，猶如他在兒時所玩的水槍裏已蓄足了水，遇上適當的動力和壓力，便會噴薄而出。

何其芳的創作，是從詩歌開始的，但他興趣廣泛，不囿於詩歌這一種體裁。在上海中國公學期間，除了在《新月》上發表《鴛鴦》等詩作，還發表了小說《摸秋》等作品，並嘗試了中篇小說的創作。遺憾的是，他的這部中篇小說寄出不久就收到了退稿。他在被退回的小說稿上寫下了辛酸而又無奈的話語：「這是我的第一個兒子，我把他活埋了。」於是，這部小說稿也被他化爲灰燼。

在我國，自古以來就流傳著「曹操焚燒《孟德新書》」、「夏侯湛毀掉《魏書》初稿」等寫作趣聞佳話，關於老舍的一則佳話更爲耐人尋味，說的是某天老舍和一些人同去周口店看猿人遺址。途中，有人半開玩笑地對老舍說：「把您寫作的竅門給我們傳授傳授吧！」老舍故意地板起面孔，幽默地說：「要勇敢地寫出來，不成功，就勇敢地扔掉，完啦！」仔細回味，寫作確實需要這樣的韌性，這樣的「勇敢」，既要堅持不懈地「寫」，又要有不斷地否定自己的勇氣，才能不斷有所長進。何其芳何嘗不是如此？他說：「我開始保存我的習作，並且有勇氣署上眞名發表它們，那已經是在我上大學以後了。那已經是在我多讀了許多文學作品以後。」⑨少年時代的何其芳就有如此嚴謹的創作態度，這是難能可貴的。

【注釋】

①何其芳：《私塾師》。
②何其芳：《寫詩的經過》。
③同注②。
④何其芳：《夢中道路》。
⑤何海若：《何其芳瑣憶》。
⑥同注②。
⑦同注④。
⑧⑨同注②。

第二章　北平：「第二鄉土」

一、大學門檻

何其芳衝出夔門，「欲成壯志」而「東下」上海，但「十里洋場」並沒有給他留下什麼好感：「我在一個荒涼的海濱住了一年。闊大的天空與新鮮的氣息並沒有給我什麼益處。我像一棵托在磽薄地方的樹子，沒有陽光，沒有雨露，而我小小的驕傲的枝葉反阻礙了自己的生長。」

一九三〇年夏天，正值北京大學、清華大學到上海招收新生，北大在上海只招六名，清華的招收名額稍多一些。何其芳同時報考這兩所大學，結果以優異的成績被這兩所大學錄取。這年秋天，他躊躇滿志地到了北平，進入清華大學外文系。

北京的清華大學，前身爲清華學校，是一九一一年清政府用美國「退還」的「庚子賠款」辦起的一所留美預備學校。一九二五年起逐步改辦大學。一九二八年更名爲「國立清華大學」。所以，當時還保留著美國學校的一種習慣：在迎新會上，先入學的老生要把新生一個一個地抬起來拋向空中。同是四川籍的老生曹葆華便和另一個老生把何其芳抬起來，拋上去。當時，何其芳的那股興奮勁、自豪感是不言而喻的。他暗下決心，要「用這把鑰匙去打開世界文學的寶庫。」可是，還不到半年，他就遇到了痲煩：何其芳從萬縣到重慶，唯讀完初中，而沒有讀過高中。他在《寫詩的經過》中說，「我上高中的時候」，「我不去好好學高等代數和解析幾何」，「我只念了一年高中。後來失學了一年，就上大學了。」看來，他是把在上海中國公學預科的一年視爲讀「高中」的，從所學「高等代數和解析幾何」看，也確屬高中課程。於是，他以「高中畢業生」的身份報考了北大和清華。後來，只因他沒有合格的高中畢業文憑，而被清華推出了大學的門檻。

何其芳被清華除名之後，別無去處，只好住在「夔府會館」。這會館是過去在北平做事的四川人捐款建造、專爲四川籍學子提供的住所。在這裏，他住了半年多。「在他清華大學生活和他北京大學生活的空檔裏」（卞之琳語），他同好友楊吉甫仿照魯迅編過的《語絲》的格式，辦起了《紅砂磧》這個小刊物。「紅砂磧」是個地名，是萬縣郊區、長江邊上的一個磧岸。長七里半，寬三里，鋪滿了各種顏色各種形狀的石子。白色的鵝卵，瑪瑙紅的珠子，翡翠綠的耳墜，以及其他無法比擬刻畫的琳琅。在孩子們的眼中，這是一片驚心動魄的寶山，何其芳在童年時期，曾用他小小的手指拾得一些眞純的無暇的歡欣。用「紅砂磧」這個刊名，表達了他對家鄉的熱愛和眷戀，尤其是在他被清華大學「遺棄」之際，童年在家鄉所得到的這一點歡欣就更值得回味了。

《紅砂磧》辦了兩個月，出了三期，何其芳以筆名「秋若」發表了《昨夜》、《我埋一個夢》、《想起》、《讓我》、《那一個黃昏》、《夜行歌》、《我也曾》、《我不曾》、《當春》、《青春怨》、《你若是》等十餘首詩歌，同時還發表了散文《釋名》和小說《老蔡》。何其芳遭遇大半年的失學，但他並未「失業」，而以自己的勤奮和作品填補了「在他清華大學生活和他北京大學生活的空檔」，排遣著他的憤懣和寂寞。

後來，由曹葆華等好友出面與北京大學交涉，可幸的是北大與清華不同，不惟文憑而重才，經查核，何其芳高考成績確實優異，便同意他入學。一九三一年秋天，何其芳正式獲准跨進了北京大學的門檻，上了哲學系。

二、人在哲學心在「文」

何其芳曾說：「我的志願本來是終身從事文學。」之所以「誤入」哲學之途，是因爲當時有這樣一種想法：「從事文學的人應該瞭解人類的思想的歷史；文學作品是可以自己讀的，而思想史卻恐怕要學一學。」但結果卻出乎意料，原有的那一些對思想史的興趣蕩然無存。

他在《寫詩的經過》中回憶當時的學習情況說：「笛卡爾似乎還可以念懂；康德就很吃力，念得似懂非懂；到了念黑格爾的哲學，就存心不好好念，乾脆還它個不懂了。」那位教康德和黑格爾的教授，自認爲勤奮認眞，卻無法把他的功課教得使人可以聽懂。「我上他的課總是這樣：用心聽就必然要打瞌睡；不用心聽就聽不進去，就望著窗子外邊的金色的陽光幻想起許多別的事情來了。」

那位教中國哲學的教授，「他的講義倒是事先寫好的，然而他並不印發給大家。上課的時候，他總是拿著稿子每一句話念兩遍，要大家靜靜地坐著默寫。上這樣的課實在太悶氣了。」教釋典文學這門功課的先生更令他失望：「他每次上課都是這樣：前一小時在黑板上用拳頭大的楷書抄寫他的講稿，要大家照著抄；後一小時就全部用來罵人，罵五四新文化運動。」「我很氣憤地把這個選課取消了。」

哲學課索然無味，學思想史的興趣消磨殆盡，課餘時間便完全沉浸在文學書籍裏。晚上，常常是從宿舍出發，經過景山前面那條靜寂的長街，踏過北海和中海之間的白石橋，獨自一人到北京圖書館閱覽室去讀書。

大學生時期，他貪婪地閱讀了屠格涅夫、陀斯妥耶夫斯基、托爾斯泰、契訶夫、雨果、福樓拜爾、莫泊桑、高爾基等人的小說，莎士比亞、易卜生、契訶夫、霍普特曼等人的戲劇，雪萊、濟慈等人的詩歌，高爾基等人的散文；還閱讀了一些我國的古典文學作品，如《全唐詩》、《宋六十家詞》和《元曲選》，特別醉心于一些富於情調的唐人絕句，李商隱的《無題》和馮延巳的《蝶戀花》那一類詩歌。

他廣泛閱覽而又有自己的偏愛。相比而言，他更愛讀外國的文學作品，用他自己的話說，多讀了一些翻譯的作品之後，「反過來再讀當時有些本國作家的作品，卻覺得像加了過多的水的酒一樣，不能給人以強烈的感覺了。」①他博覽群書，既讀傑出作家的作品，又讀次要作家的作品，其中包括一些沒落資產階級的形式主義的作品，其結果，既提高了文學修養，又在一定程度上接受了一些消極的東西。他自己坦言：「由於當時在政治上的落後，有一個期間我從那些病態的傾向不好的作品所接受的影響竟至超過了那些正常的現實主義的傑作。我就曾經愛好陀斯妥耶夫斯基甚於托爾斯泰，愛好法國某些象徵主義的詩人甚於一些大詩人。」②

透過這些文字，我們似乎看到了何其芳的「誠實的自我」、「眞實的自我」。他從書中所接受的東西，其中最不好的也莫過於悲觀思想的影響，而當時陰暗的社會環境、冷酷的家庭教育、寂寞清淒的童年生活和首進大學受挫，這對於一個志在千里的青年來說，無疑是一種濃重的精神陰影，他怎麼會感到樂觀？與其說他從一些作品中接受了悲觀思想的影響，倒不如說一些作品中的某種情調更能使他產生共鳴。惟其如此，他在欣賞高爾基的那些動人的小說和回憶錄的同時，「最欣賞的都是他的《爲了單調的緣故》和《當一個人獨自的時候》那一類作品。」當他「讀了高爾基的那篇把孤獨描寫得陰森可怕的奇異的散文之後」，使他孤獨的心弦與之共振，便寫了一篇題爲《獨語》的短文。

三、《燕泥集》

卞之琳在《〈李廣田散文選〉序》（寫於一九七九年八月二十二日）的開頭部分寫道：

沙灘是北京大學文學院所在地，辦公室和教室就是在迄今還屹立的「紅樓」，樓西是東齋宿舍，樓北越過操場，牆北是松公府的一片頹垣廢井……當時，每天清晨，我注意到在我們前邊的有小樹夾道的狹長庭院裏，常有一位紅臉的穿大褂的同學，一邊消消停停的踱步，一邊念念有詞的讀英文或日文書。經人指出，我才知道這就是李廣田。同時，在「紅樓」前面當時叫漢花園的那段馬路南邊，常有一個戴著深度近視眼鏡，一邊走一邊抬頭看雲，旁若無人的白臉矮個兒同學，後來認識，原來這就是何其芳。

何其芳在北大，文藝書籍成了他的親密朋友，引導他在走向未知的藝術殿堂。又遇到了兩個詩人：北大外語系的卞之琳和李廣田，他們以詩會友，這使何其芳寫詩的欲望和激情空前高漲。他回憶說：「大學生時代我經常有寫詩的衝動的期間不過是一九三二年夏天到秋天那幾個月。有時一天之中，清早也寫，晚上也寫。過去做舊詩的人，常常有夢中得句的經驗。我那時也就入迷到那樣的程度，有一次就夢見在夢裏做成了一首詩，而且其中有一些奇特的句子。醒來只記得幾行，但我把它補寫成了。」這首詩的題目叫作《愛情》：

晨光在帶露的石榴花上開放。／正午的日影是遲遲的腳步／在垂楊和菩提樹間遊戲。／當南風從睡蓮的湖水／把夜吹來，原野上／更流溢著鬱熱的香氣，／因爲常春藤遍地牽延著，／而菟絲子從草根纏上樹尖。／南方的愛情是沉沉地睡著的，／它醒來的撲翅聲也催人入睡。／／霜隼在無雲的秋空掠過。／獵騎馳騁在荒郊。／夕陽從古代的城闕落下。／風與月色撫摩著搖落的樹。／或者凝著忍耐的駝鈴聲／留滯在長長的乏水草的道路上，／一粒大的白色的隕星／如一滴冷淚流向遼遠的夜。／北方的愛情是驚醒著的，／而且有輕趫的殘的腳步。／／愛情是很老很老了，但不厭倦，／而且會作嬰孩臉渦裏的微笑。／它是傳說裏的王子的金冠。／它是田野間少女的藍布衫。／你呵，你有了愛情／而你又爲它的寒冷哭泣！／燒起落葉與斷枝的火來，／讓我們坐在火光裏，爆炸聲裏，／讓樹林驚醒了而且微顫地／來竊聽我們靜靜地談說愛情。

這是作者二十歲時的作品。全詩分爲三節，第一節寫南方的愛情，它「流溢著那鬱熱的香氣」，這種溫馨柔美的愛情令人憧憬；第二節寫北方的愛情的悲愴、淒冷，寄寓著不美滿的婚姻給人帶來的苦悶之情；第三節抒發作者對愛情的思考和燃燒起愛情之火的願望。其中，「南方的愛情是沉沉地睡著的，它醒來的撲翅聲也催人入睡」，「北方的愛情是驚醒著的，而且有輕趫的殘的腳步」那些句子，就是作者從夢中醒來還記得的幾行。俗話說：日有所思，夜有所夢。無論人們對「夢中得詩」的現象作怎樣的解釋，何其芳在此階段作詩入迷卻可由此而略見一斑。

從一九三二年到一九三四年，是何其芳詩歌創作的勃發期。他先後在《現代》、成都《社會日報・星期論壇》、《西湖文苑》、《新時代》、《文藝月刊》、《文學季刊》、《華北日報》副刊、《水星》等報刊上發表詩作近三十篇。這些作品大部分由卞之琳以《燕泥集》編入《漢園集》。

《漢園集》是何其芳、李廣田、卞之琳三人的新詩合集。一九三六年由商務印書館出版。所收作品分爲三集，依次是何其芳的《燕泥集》、李廣田的《行雲集》、卞之琳的《數行集》。卞之琳所作的《題記》中說：

> 這是廣田、其芳和我自己四五年來所作詩的結果。我們並不以爲這些小玩意兒自成

一派，只是平時接觸的機會較多，所寫的東西彼此感覺親切，爲自己和朋友們看起來方便起見，所以擱在一起了。我們一塊兒讀書的地方叫「漢花園」，記得自己在南方的時候，在這個名字上著實做過一些夢，哪知道日後來此一訪，有名無園，獨上高樓，不勝惆悵。可是我們始終對這個名字有好感，又覺得書名取得老氣橫秋一點倒也好玩，於是乎《漢園集》。

這本詩集出版後影響很大，作者因此有了「漢園三詩人」之稱。《燕泥集》，確立了何其芳的「詩人」的名分。

卞之琳在《〈李廣田詩選〉序》（寫於一九八一年七月八日）中說：《漢園集》「題記的末尾我署名後注的日子是一九三四年十月。那些詩就寫在這種光景和情調裏，」「值得一提的是：因爲廣田、其芳和我合出了這本《漢園集》，別人往往把我們看成一派。其實，我們自己的詩風也各有不同。」

《燕泥集》收錄《預言》、《季候病》、《羅衫怨》、《秋天》、《花環》、《關山月》、《休洗紅》、《夏夜》、《柏林》、《歲末懷人㈠》、《歲末懷人㈡》、《風沙日》、《失眠夜》、《夜景》、《古城》、《初夏》等詩篇。何其芳對《燕泥集》的第一輯「有一點偏愛」，「讀著那些詩行我感到一種寂寞的快樂，在我的記憶裏展開了一個寒冷地方的熱帶，一個北方的夏夜」；「第二輯中則是一些不寐的夜晚裏的長歎和輾轉反側。一陣遠遠的鐵軌的震動，一聲淒厲的汽笛，或者慘白的黎明裏一匹驢子的嗚咽。陰影那樣沉重。又沒有一種絕望的靜寂。」「現在放它在我面前讓我淒涼地憑弔著過去的自己」。③在北平的那幾年，何其芳接觸的現實是那樣狹小：一個小職員的家庭，一個被棄的少婦，一些迷失了的知識份子。而更深入地走到他生活裏去的不過是帶著不幸的陰影，帶著眼淚的愛情。他的偏愛的讀物也從象徵主義的詩歌、柔和的法蘭西風的小說換成了陀思妥耶夫斯基的受難的靈魂們的呻吟。他這部分詩作雖然離現實還有一段距離，但人們「不難感覺到一個入世未深的年輕人感情搏動的脈息。它們或是對於昔日的深情回憶，或是對於愛情的迷漠懷想，有時描述一種思緒的湧生，有時就寫一陣情感的波動，一往情深，纏綿宛曲」。④所以，我們簡直可以這樣說：《燕泥集》既是作者當時那些「情感的灰燼的墓碑」，又是一段令他留連的光景。

四、《預言》

何其芳曾不止一次的說過，他的志願本來是終身從事文學。他的文學創作是從寫詩開始的。在大學讀書期間，特別是一九三二年夏秋之間，他白天做詩，夜晚甚至夢中也在做詩。他的第一個詩集《預言》，便是他三十年代詩歌創作實績的一座豐碑。

《預言》共收錄詩篇三十四首，分為三卷。卷一收錄的是一九三一年至一九三三年的作品，包括《預言》、《腳步》、《秋天(一)》、《慨歎》、《歡樂》、《昔年》、《雨天》、《羅衫》、《秋天(二)》、《花環》、《愛情》、《祝福》、《月下》、《休洗紅》、《夏夜》、《贈人》、《再贈》、《圓月夜》等十八篇；卷二收錄的是一九三三年至一九三五年的作品，包括《柏林》、《歲暮懷人(一)》、《歲暮懷人(二)》、《夢後》、《病中》、《古城》、《夜景(一)》、《夜景(二)》、《失眠夜》、《扇》、《風沙日》等十一篇；卷三收錄的是一九三六年至一九三七年的作品，包括《送葬》、《于猶烈先生》、《聲音》、《醉吧》、《雲》等五篇。

何其芳在《寫詩經過》中寫道：「我的第一個詩集《預言》是這樣編成的：那時原稿都不在手邊，全部是憑記憶把它們默寫了出來。凡是不能全篇默寫出來的詩都沒有收入。這也可以說明我當時對於寫詩是多麼入迷。」

這個詩集是詩人苦吟的結果，也顯露了他從一九三一年到一九三七年間的思想變化的歷程。這些作品，大部分是一九三一年至一九三四年作於北大，只有五篇是在他大學畢業以後所作。二十年後，他回眸這個詩集說：

那些詩，既然是脫離時代、脫離當時中國的革命鬥爭的產物，它們的內容不可能不是貧乏的。如果說那裏面也還有一點點內容的話，也不過是一個政治上落後的青年的一些幼稚的歡欣，幼稚的苦悶，即是說也不過是多少還可以從它們感到一點微弱的生命的脈搏的跳動而已。不久以後我自己也就認識到了。我曾借用一句李煜的詞來概括過我那些詩的內容：「留連光景惜朱顏」。我大學一年級正是「九一八」事變爆發的那一年。中國和世界的局勢都在發生著巨大的變化。……就是我這樣落後的青年，也不可能不受到它的影響，它的鞭策。我從大學畢業以後，就逐漸地而且最後是堅決地拋棄了我那些錯誤的思想，終於走向進步了。⑤

這段自我解剖性的「獨白」，不乏自謙的成分，又偏重於以內容的思想性評判詩作的優劣，但正如他自己所說，卷一、卷二中的作品大多「脫離時代」而抒發個人的歡欣和苦悶，其主要原因之一：

有很長一個時期我的生活裏存在著兩個世界。一個是出現在文學書籍裏和我的幻想裏的世界。那個世界是閃耀著光亮的，是充滿著純眞的歡樂、高尚的行爲和善良可愛的心靈的。另外一個是環繞在我周圍的現實的世界。這個世界都是灰色的，都是缺乏同情、理想、而且到處伸張著墮落的道路的。我總是依戀和留連於前一個世界而忽視和逃避後一個世界，我幾乎沒有想到文學的世界正是從現實的世界來的，而且好像愚昧到以爲環繞在我周圍的那個異常狹小的世界就等於整個現實的世界。⑥

其實，何其芳也並非始終「依戀和留連於前一個世界」。他在一九三五年一月發表于《萬縣民衆教育月刊》的詩作《我的鄉土》寫道：

我要曠大的曠大的天空，／緩緩移在甎壁的光陰，／一池清水來養巨尾的青魚，／一點平靜與寂寞來養我底心。／我的鄉土是能夠給我的，／我聽見了他允許的聲音。／我要竹聲來蔭小庭的盛夏，／鳩與鵲來告說雨晴。／棗實墜在它枝葉底下，／芍藥在去年死處重生，／我說我就當田間的山澗，／潺潺聲流不過一匹山嶺。／我要健壯的草野的氣息，／七月裏遍地是成熟的黃金。／或許我更要無夢的夜，／知時會的風雨，護花的春溫。／我的鄉土都會允許我的，／我聽見它呼喚的聲音。

作者曾在他的散文《岩》中回憶道：「我只記得從小起，我的屋前屋後都是山，裝飾得童年的天地非常狹小，每每相反的想起平沙列萬幕，但總想像不出那樣的生活該是如何一個曠野，竟愁我的翅膀將永遠飛不過那些嶺嶂。」作者深感童年的「天地非常狹小」。在《我們的城堡》一文中又說：「在我的十五歲時我終於像安徒生童話裏的那隻醜小鴨離開那局促陰暗的鄉土飛到外面來了，雖說外面不過是廣大的沙漠，我並沒有找到一片澄清的綠水可以照見我是一隻天鵝。」在大學裏，環繞在他周圍的世界仍然「異常狹小」，因而每每想起平沙列萬幕，渴望著「曠大的天空」，希望飛過那些「嶺嶂」，如同田間的山澗，那潺潺聲要流過一四山嶺。詩作形象地表達了作者被囿于狹小天地的憤懣和溶入廣闊天地的強烈願望。

五、《畫夢錄》

朱企霞回憶何其芳在一九三四年前後的情況說：

最初，他是以詩作出現在《每週文藝》上面。

有一天，其芳給我捎來了一篇稿子，但不同以往，不是詩，而是後來收在《畫夢錄》裏叫做《獨語》的一篇散文。我立刻就著那字跡纖巧而俏麗的原稿細讀起來，感著很大的驚喜。讀完以後，我激動地說，「好極了！」同時還不揣僭妄地加上一句：「我覺得你的散文比詩更好！」「眞的嗎？」「眞的，千眞萬確。我建議你以後多寫散文。你在這方面大有發展前途！」我簡直忘記了自己的身份，更加上：「現在我發現你的散文是另外獨樹一幟的藝苑奇葩。」

果然，自那以後，其芳一連在《水星》和《大公報・文藝》上陸陸續續發表了許多篇散文，每篇一出，儕輩都莫不交口讚賞。那就是稍後獲得《大公報》散文文學獎金的《畫夢錄》誕生的由來。

朱企霞的「建議」未必就是何其芳這一時期散文高產的主要原因，但畢竟也有其助產的作用。《畫夢錄》是何其芳的第一個散文集。它表明何其芳於一九三四年前後在繼續創作詩歌的同時，又進入了散文的高產期。《畫夢錄》中收錄了《扇上的煙雲》（代序）、《墓》、《秋海棠》、《雨前》、《黃昏》、《獨語》、《夢後》、《岩》、《爐邊夜話》、《伐木》、《畫夢錄》、《哀歌》、《貨郎》、《魔術草》、《樓》、《弦》、《靜靜的日子》這十七篇散文。除了《扇上的煙雲》寫於一九三六年以外，都是一九三三年至一九三五年在北大讀書時的作品。這個散文集，與曹禺的《日出》、蘆焚的《穀》一起，獲得了一九三六年《大公報》的文藝獎金。文藝獎金評選委員會對《畫夢錄》作了這樣的評價：

> 在過去，混雜于幽默小品中間，散文一向給我們的印象是順手拈來的即景文章而已。在市場上雖曾走過紅運，在文學部門中，卻常爲人輕視。《畫夢錄》是一種獨立的藝術製作，有它超達深淵的情趣。

何其芳自己說：「我的工作是在爲抒情的散文發現一個新的園地。我企圖以很少的文字製造出一種情調：有時敘述著一個可以引起許多想像的小故事，有時是一陣伴著深思的情感的波動。正如以前我寫詩時一樣入迷，我追求著純粹的柔和，純粹的美麗。」可見，評委的意見和何其芳的「創意」是吻合的。

何其芳還這樣說明他寫《畫夢錄》時的生活和思想：

《畫夢錄》是我從大學二年級到四年級中間所寫的東西的一部分。它包含著我的生活和思想上的一個時期的末尾，一個時期的開頭。《黃昏》那篇小文章就是一個界石。在那以前，我是一個充滿了幼稚的傷感，寂寞的歡欣和遼遠的幻想的人。在那以後，我卻更感到了一種深沉的寂寞，一種大的苦悶，更感到了現實與幻想的矛盾，人的生活的可憐，然而找不到一個肯定的結論。《漢園集》裏我的那十幾篇詩的分輯更明顯地說出了這種變異。前一個時期，就稱它爲幻想時期吧，我只喜歡讀一些美麗的柔和的東西；第二個時期，應該是苦悶時期了，雖說我仍然部分地在那類作品裏找蔭蔽，卻更喜歡T·S愛略忒的那種荒涼和絕望，杜斯退益夫斯基的那種陰暗。

何其芳的生活寂寞得太久太久，從家庭到私塾，從上海到北平，寂寞就像他的身影，與他相伴相隨，即便到了大學，也未能擺脫這種陰影：在他的班上，才七八個人。在他看來，幾乎全是一些古怪的人，他們有著各種不同的使他感到寂寞的地方：有兩個是佛教徒，一個實行絕對的長齋，一個還允許他自己吃雞蛋、牛奶。有一個是公子哥兒，他興趣廣泛，從哲學，文學，圍棋，溜冰，一直到拉鋼鋸，一次，他熱心地要教何其芳下圍棋，卻被謝絕了。最進步的一個也不過是計畫著畢業後到外國去留學，然後回來作教授。功課也使他感到寂寞，黑格爾老使他打瞌睡。他只和兩三個弄文學的人有點兒往還。他「遺棄了人群而又感到被人群所遺棄的悲哀」。當時他的生活視野非常狹小，他只能以《雨前》、《黃昏》這樣的作品反映大自然的變幻景色，演化書中讀來的故事而面對黃昏燈下的窗格進行他的「獨語」，以排遣其僻靜、孤獨之情，而形成了這部分散文「幻想」、「苦悶」的基調。此後，何其芳對此現象作了自我剖析：

我當時的最不可饒恕的過錯在於我抑制著我的熱情，不積極地肯定地用它去從事工作，去愛人類；在於我只是感到寂寞，感到苦悶，不能很快地想到我那種寂寞和苦悶就是由於我脫離了人群；在於我頑固地保持孤獨，不能趕掉長久的寂寞的生活留給我的沉重的陰影。⑦

客觀地說，何其芳的這些散文，「為著創造一些境界，一些情感來撫慰自己」，「選取了一些衰頹的，纖細的，遠離現實的題材」，「有一些虛無的悲觀的傾向」。不過，收在《畫夢錄》裏的散文，幾乎每篇的風格彼此間並不一致，當時他自己也感到悵惘：「我近來發現我寫的東西缺乏自己應有的風格。我很容易為別人文章的調子所牽引。往往是這樣：我讀過一篇喜愛的文章，因為喜愛，就不免在幾天之內反復地讀。讀到後來，腦子裏就好像在迴旋著一個調子，自己就想寫。寫出來一看，就發現好像在模仿誰。」於是他坦言：「這使我對自己很失望！」

風格是一個作家成熟的標誌，一種風格形成之後，往往有其相對的穩定性。何其芳這一階段的散文還沒有形成統一、獨立的風格，例如《墓》，是寫得最早的一篇，是他在讀了一位法國作家的幾篇小故事之後寫的，他寫的時候並不曾想到散文這個名字。又如《獨語》和《夢後》，雖說沒有分行排列，顯然是作詩的繼續，過於緊湊而又缺乏散文中應有的聯絡。而《岩》才是他有意寫散文的起點，但也寫得不順手，顯得生硬、晦澀，後來才逐漸能夠平靜地親切地敘述故事，才像純粹的散文。這種現象，在一個作家的前期創作中純屬自然，同時也表明他在創作風格上還有相當大的「可塑性」，因而在這種「失望」中就孕育著變異的希望。

六、《刻意集》

這是何其芳繼《畫夢錄》之後的又一部作品雜集，初版於一九三八年，由巴金在上海文化生活出版社印行。卷一收入小說《王子猷》，卷二收入散文《夏夜》，卷三收入散文《〈燕泥集〉後話》、《夢中道路》，卷四收入《腳步》、《慨歎》、《歡樂》、《昔年》、《雨天》、《夢歌》、《愛情篇》、《祝福》、《贈人》、《圓月夜》、《夢》、《短歌兩章》、

《夜景(二)》、《牆》、《砌蟲》、《扇》、《枕與其鑰匙》、《風沙日(二)》。

這些作品寫於一九三二年至一九三六年。大多是他在讀大學時創作的，在《〈刻意集〉序》中，作者自述了這個集子的成因：

這些雜亂的東西就是我徘徊的足印。那時我在一個北方大城中。我居住的地方是破舊的會館，冷僻的古廟，和小公寓，然而我成天夢著一些美麗的溫柔的東西。每一個夜晚我寂寞得與死鄰近，每一個早晨卻又依然感到露珠一樣的新鮮和生的歡欣。……亡失了我的青春，剩下的就是一些殘留在白紙上的過去的情感的足印，一些雜亂的詩文。除了一部分自以爲比較完整的詩被一位朋友編入《漢園集》，又一部分不長不短的文章姑且名之曰散文者另編爲《畫夢錄》之外，尚可以寬容的挑選出來收輯起來的便盡在這個薄薄的集子中了。

可見，作者把《刻意集》視爲《燕泥集》和《畫夢錄》的「邊角料」。作者「姑息的留存了」這些「邊角料」，這是在情理之中的事。「我的寫作是很艱苦很遲緩的。猶如一個拙劣的雕刻師，不敢率易的揮動他的斧斤，往往夜以繼日的思索著，工作著，而且當每一個石像脫手而站立在他面前，雖然尙不十分乖違他的願意，又往往悲哀的發現了一些拙劣的斧斤痕跡。一個忠實於自己的人應當最知道他自己，但直到現在我還是不能斷言這到底是我的好處嗎還是弱點，這寫作時候的過分矜持。」這雕刻師般的「過分矜持」，既寓含了「刻意」這個集名的由來，同時也表明了作者對這些作品的舔犢之意。

更何況，其中如「《王子猷》，寫了一個古老的故事，塗抹著千餘年前的古人的面目，描述了一種精神狀態：彷徨、徘徊、寂寞、哀愁、空虛等許多感情的綜合體。」作者曾經有過這樣一次可哀的心理經驗：「在過了一個舊曆的新年後，一個寒冷的日子，我帶著歡欣和一件小禮物去訪一位朋友，洋車拉著我在冷落的鋪滿白雪的長街上，我突然感到一種酸辛，一種不可抵禦的寂寞，我幾乎叫車夫把我拉回自己的住處去。」《王子猷》中則寫道：

他是知道生活，而且想把生活做成一本好詩的。他懂得生活上的選擇與刪棄，懂得如何去創造生活上的新鮮，幽深，又如何去捉著那剎那的快感。這時代實是一個不能使人安于平凡，庸俗的時代！稍稍在他前面的，如當時所謂「竹林七賢」，清談縱酒的南渡人士，以及人人豔稱的「王謝」，他的父兄輩，誰是眞受了老莊的影響？誰是眞沉溺於酒與清談的風氣？都是生活的一種要求。都是要找一點歡快，歡快得使生命顫慄的東西！那狂放的阮籍，不是愛驅車獨遊，到車轍不通的地方就痛哭而返？那哭聲，那時代的哭聲呵，就是王子猷這時抑在心頭的哭聲了。

何其芳重寫這一故事，並不是爲了解釋古人，而是爲了解釋他自己，王子猷抑在心頭的哭聲，也彷彿是當時壓抑在作者心頭的哭聲。這類作品，能使作者「哀憐過去的自己」，「在情感的灰燼裏找到一些紅色的火花」，因而是彌足珍惜的。

同時，這個集子中的部分作品，還展示著作者的創作在文體上有其廣闊的領域。這一時期，何其芳在創作詩歌和散文的同時，還對小說和戲劇創作作了初步的嘗試和探索。《王子猷》這則「故事新編」，便是這一時期他的小說創作的一個實績。

在大學裏，他讀著許多時代許多國土裏的詩歌，讀著小說，有一段短短的時間裏，戲劇也迷住了他。他感到戲劇是更直接更緊張地表現心靈的形式。「我竟想用那種形式來寫一個幻想的故事，以四個黃昏爲背景，以愛情爲中心，敘述一個在他的一生的車道上『缺少了一些而又排列顚倒了一些』『適宜的車站』的人物的少年，青年，中年和老年。終於因爲沒有自信，只挑寫了第二部分，就是《夏夜》。我一點不想使它冒充戲劇，我願意在那題目下注一行小字：一篇對話體的散文。但我又怕我那些不分行的抒寫又是冒充散文。」

他既不想以《夏夜》「冒充」戲劇，又怕「冒充」散文。《夏夜》究竟屬什麼體裁？他在《〈刻意集〉序》自注中說：「《刻意集》是我在一九三七年五月編的一個集子。第一版收入了我在大學生時代寫的一篇故事（指《王子猷》——引者注），一幕戲劇和一些不曾收進《漢園集》的詩，並附錄了兩篇關於自己的詩的短文。」⑧這裏所說的「一幕戲劇」即指

《夏夜》。這與「不想以《夏夜》冒充戲劇」之說並不矛盾。他在被戲劇迷住的那一段時間裏，閱讀了大量的戲劇作品，「但我一開頭便忽視那些動作，我只傾聽那些心靈的語言。所以我最喜歡的是幾本靜默的，微妙的，沒有爲著迎合觀衆而設的熱鬧、誇張和湊巧的戲劇。」這裏，似乎透露著作者的戲劇美學思想的一點資訊：他最喜歡靜默的、微妙的敘述，而對那些「爲著迎合觀衆而設的熱鬧、誇張和湊巧的戲劇」不以爲然；然而忽視人物的動作性，作爲戲劇作品來說，畢竟是一種不足，一種缺憾，也許正是在這個意義上，作者有時則認爲《夏夜》似乎不是夠格的戲劇。

正因如此，他在四十年之後給友人的一封信還說：「我覺得詩歌、散文較容易寫，小說也準備試學長篇，戲劇則不敢著手。但或者有些人更適宜於寫戲吧，因此著名的戲劇作家往往一生寫很多劇本，莎士比亞、易卜生以及蕭伯納、霍普特曼等，都是這樣。」

何其芳是誠實的，他不擅長於寫戲。《夏夜》是他戲劇創作的「第一個兒子」，同時也是一個「獨生子」。它同《刻意集》中的其他作品一樣，值得珍視。

何其芳在《夢中道路》一文中回憶自己在北平的學習生活說：「衰落的北方的舊都成爲我的第二鄉土，在那寒冷的氣候和沙漠似的乾涸裏我卻堅忍地長起來了，開了憔悴的花朵。假若這數載光陰過度在別的地方我不知我會結出何種果實。但那無雲的藍天，那鴿笛，那在夕陽裏閃耀著凋殘的華麗的宮闕確曾使我作過很多的夢。」

【注　釋】

①②何其芳：《寫詩的經過》。
③何其芳：《〈燕泥集〉後話》。
④金欽俊：《何其芳作品欣賞》。
⑤⑥同注①。
⑦何其芳：《給艾青先生的一封信》。
⑧何其芳：《〈刻意集〉序》。

第三章　精神上的「新大陸」

一、「這個世界不對」

何其芳回憶大學生活時還說：「我給我自己製造了一個美麗的、安靜的、充滿著寂寞的歡欣的小天地，用一些柔和的詩和散文，用帶著頹廢的色彩的北平城的背景，用幻想，用青春，而且，讓我嘲笑一下那時的我吧，用家裏差不多按期寄來的並不怎樣美麗的匯票。生活在這樣的小天地裏，我並不感到滿足，如我曾經在別處寫過的，『每一個夜裏我寂寞得與死臨近』，而且，『我遺棄了人群而又感到被人群所遺棄的悲哀』。我寫著一些短短的詩和散文，我希望和我同樣寂寞的孩子也能從它們得到一點快樂和撫慰，如同在酸辛的苦澀的生活裏得到一點糖果。我覺得這是我僅能作到的對人類和世界的一點貢獻。我沒有更大的志願，更大的野心，因為我像一個無知的孩子，對於許多事情還沒有責任感。」①

與此同時，在這種生活裏，「新的思想也在開始生長」：一個陰晦的下午，他獨自在一條僻靜的街上走著，一個十二三歲的賣報的孩子從他的對面走來，掛著一個盛報紙的布袋，用可憐的聲音叫著一些報紙的名字。他看著這個小報童，忽然想起了他家裏的一個小兄弟。這時候，一種複雜的思想掠過他的腦子，他想到這個報童和自己的那個兄弟一樣年幼，爲什麼卻要在街頭求乞似地叫喊著；他想到人類爲什麼這樣自私自利；他想到，難道因爲他不是我的兄弟，我就毫不注意，毫不難過地讓他從我身邊走過去？他忽然決心買一份他的報，彷彿這可以給這報童一點安慰似的。報童從布袋裏取一份報給他，因爲沒有零錢，他給報童一塊錢讓他找。當報童到街旁的小鋪裏去兌換，他又忽然想，難道還眞要找回那點零錢嗎？於是他跑進胡同裏，一直跑回到他的住所。一轉念一種沉重的難過又壓在他的心頭，他責備自己是一個傻子，因爲他想到那個誠實的賣報的小孩子一定在那條街上尋找著他，焦急而又疑懼，他不安了許久。

據此，他後來曾想寫一個表現他的新思想的故事：一個乖僻的年輕人，在一些陌生的地方流浪了許多年，最後在一個城市裏得了沉重的肺病。他家裏的人得到了消息，遠遠地跑去看護他，而且偷偷地爲他哭泣。但他並不感謝他們，反而被觸怒了似地說：「正因爲每個母親只愛她的兒子，每個哥哥只幫助他的弟弟，人間才如此寒冷，使我到處遇到殘忍和淡漠，使我重病著而且快要死去。」

在北平期間，更深入地走到他生活裏去的不過是帶著不幸的陰影，帶著眼淚的愛情。所以，幾年之後他對自己的這段思想經歷作過這樣的回顧：

我的生活限制著我的思想更進一步。我不知道人間之所以缺乏著人間愛，基本上由於社會制度的不合理，我不知道唯有完成了社會的改革之後，整個人類的改革才可能進行，而在進行著社會的改革的當中，一部分人類已經改變了他們自己。而且我是那樣謙遜，或者說那樣怯懦，我沒有想到我應該把我所感到的大聲叫出來：「這個世界不對！」更沒有想到我的聲音也可以成爲力量。……但我終於從幼稚走向成熟。我喪失了我的充滿著寂寞的歡欣的小天地。我的翅膀斷了。我從空中墜落到地上。我晚上的夢也變了顏色：從前，一片發著柔和的光輝的白色的花，一道從青草間流著的溪水，或者一個穿著燕子的羽毛一樣顏色的衣衫的少女；而現在，一座空洞的屋子，一個愁人的雨天，或者一條長長的灰色的路，我走得非常疲乏而又仍得走著的路。②

在北平期間，當何其芳「感到」了「這個世界不對」之後，對於人間的快樂和幸福，他很能夠以背相向；對於人間的痛苦和不幸，他只有低下頭來化作眼淚。他的偏愛的讀物也從象徵主義的詩歌、柔和的法蘭西風的小說換成了陀思妥耶夫斯基的受難的靈魂們的呻吟。

二、從南開到萊陽

一九三五年夏，何其芳大學畢業，同年秋天到天津南開中學任教一年。一九三六年九月，轉到山東省立萊陽鄉村師範學校任教。一九三七年九月回到家鄉萬縣，任教于四川省立萬縣師範學校。一九三八年初，又到成都聯合中學任教，他大學畢業之後，首先經歷了這「四校三年」的中學教學生涯。南開，則是走出北大所停靠的第一站。

初到南開中學，那是炎熱的八月天，他被安置在一間當西曬的小屋子裏，隔著一層薄牆壁，那邊是電話、電鈴和工友的住室。在鐵紗窗的角上，可怕地滿滿地爬著黑色的蒼蠅。一位比他先來的同事第一天下午便引他去遊覽那周圍的風景：

一片接受著從都市流散出的污穢與腐臭的窪地。窪地的盡頭，一道使人想像著海水、沙灘和白帆的長堤出現在夕陽中。在它的身邊流著一條臭河。這片窪地裏，從前停放著許多無力埋葬的窮人的棺材；常有野狗去扒開它，偷食著裏面的屍首；到了夏天，常有附近的窮苦人坐在那裏，放一把茶壺在棺材上，一邊談天一邊喝茶。黃昏的時候，這條路上有許多結伴回家的從工廠裏出來的小女孩，觀察她們，使人想像著許多悲慘的故事。

此地此景，使何其芳感到他自己也就是被榨取勞力的工人，因爲他所寄身的地方，「與其說那是一個學校，不如說是一家出名的私人營業的現代化的工廠，因爲那裏製造著中學畢業生。」在那裏，他度過了更加苦悶的一年，更多地知道了人的生活的可憐，更多地看到了現實的不美滿。教員們過著一種可怕的空虛和無聊的生活，而又異常無力地順從環境和雇主，他常常想著巴羅哈的一篇小文章《馬理喬》，他感到正如其中所寫的那樣，到處都有著不幸存在，他感到他就是那個抱著死了的嬰兒的母親，到處走著，到處去求醫，到處看見了不幸。因此，他清醒地意識到：

> 在這種生活裏我再也不能繼續做著一些美麗的溫柔的夢，而且安靜地用心地描畫它們。我沈默了。不過這沈默並不完全由於爲過重的苦難所屈服，所抑制，乃是一種新的工作未開始以前的躊躇。③

在開始的半年間，他沈默了，幾乎沒有發表作品。經過幾個月的休整，一九三六年上半年，又推出了《扇上的煙雲》、《〈燕泥集〉後話》、《夢中道路》等散文。這些作品，顯示著作者對既往創作道路的回顧和思考。從此，他「不復是一個望著天上的星星做夢的人」。在這躊躇期間，他準備著開始一個較大的工作：寫一部長篇小說。他再也不想寫散文，他覺得只有寫長篇小說才能容納他對於各種問題的見解，才能紓解他精神上的鬱結。於是，他創作並發表了一部長篇小說的幾個斷片：《蟻》、《歐陽露》、《遲暮的花》、《棕櫚樹》。

同時，他又把過去的短文編成了《畫夢錄》這本散文集。看來，此時何其芳的寫作目的，主要在於「紓解他精神上的鬱結」，排遣其悲觀的情緒。正如他在一九四〇年所寫的《論快樂》中所說：「對於人的問題和苦痛的來源的認識是一個最基本的認識。眞理是很簡單的。不過在沒有它以前，我們可能老在它的旁邊繞著圈子，像迷失在一個很複雜的迷津裏面。許多過去的作者都經歷了，看見了人間的不幸，而且寫了出來，然而他們沒有找到那來源和解決的辦法，沒有找到那把最後的鑰匙，因此多半停滯在一種悲觀的思想上。」

一九三六年九月，何其芳從南開中學轉入山東省立萊陽鄉村師範學校任教。在那裏，他才找到了他的「精神上的新大陸」。後來，他在《一個平常的故事》中回憶說：「我總是帶著感謝記起山東半島上的一個小縣，在那裏我的反抗思想才像果子一樣成熟，我才清楚地想到一個誠實的個人主義者除了自殺便只有放棄他的孤獨和冷漠，走向人群，走向鬥爭。我才肯定地想到人間的不幸多半是人的手製造出來的，因此可能而且應該用人的手去毀掉。在那個有著『模範縣』的稱號的地方，農民是那樣窮苦，幾乎要交納土地的收入的一半於捐稅。那些在農村裏生長起來的青年，那些在他們的前面只有小學教師的位置、每月十二塊錢的薪水和無望的生活等待著的師範學生，經常吃著小米，四等黑麵，番薯，卻對於知識那樣熱心，像一些新的兵士研究著各種武器的性能和使用方法。……和他們在一起，我感到了我並不是孤獨的。我和他們一樣充滿了信心和希望。我的情感粗了起來，也就是強壯了起來。當我看見了一些喪失了土地的農民帶著一束農具從鄰縣趕來做收穫時的臨工，清早站在人的市場一樣的田野裏等待著雇主，晚上爲著省一點宿店的錢而睡在我們學校門前的石橋上，又到青島去看見一排一排的別墅在冬天裏空著，鎖著，我非常明顯的感到了這個對比所代表著的意義。」他非常清楚地肯定了自己認識上的進步：

第一步：我感到人間充滿了不幸。

第二步：我斷定人的不幸多半是人的手造成的。

第三步：我相信能夠用人的手去把這些不幸毀掉。

從一九三六年九月至一九三七年六月，他先後發表了《嗚咽的揚子江》、《街》和《我和散文》以及五首詩歌。

在他的《還鄉雜記》的第二篇《街》中有這樣一段記述：

理想，愛，品德，美，幸福，以及那些可以使我們悲哀時十分溫柔，快樂時流出眼淚的東西，都是在書籍中容易找到，而在眞實的人間卻比任何珍貴的物品還要希罕。那些悅耳的名字我在書籍中才第一次遇到。它們與我是那樣新鮮，那樣陌生，我只敢輕聲說出它們的名字。眞實的人間教給我的完全是另外一些東西。當我是一個孩子的時候，我已習慣了那些陰暗，冷酷，卑微。我以爲那是人類唯一的糧食，雖然覺得粗糲，苦澀，難於吞咽，我也帶著作爲一個所必須有的忍耐和勇敢，吞咽了很久很久。然而後來書籍給我開啓了一扇金色的幻想的門。從此我極力忘掉並且忽視這地上的眞實。我生活在書上的故事裏。我生活在自己的白日夢裏。我沉醉，留連於一個不存在的世界。然而既是夢便有一個醒覺的時候，而我又覺得太快。現在叫我相信什麼呢？我把我的希望寄放于人類的未來嗎？我能夠斷言未來的人類必有一種合理的幸福的生活，那時再沒有人需要翻開這些可憐的書籍，讀著這些無盡的誑語嗎？我們必須以愛，以熱情，以正直和寬大來酬答這人間的寒冷嗎？

對人生理想，人間之愛，經歷了一個長期的、曲折的探尋過程，到了這一時期，他終於從夢中覺醒過來，儘管他還不敢斷言未來的人類必然會有一種合理的幸福的生活，但至少他已開始懷疑「以愛和熱情、以正直和寬大來酬答這人間寒冷」的處世哲學。

從某種意義上說，直到一九三六年創作散文《街》、《縣城風光》的時候，何其芳基本上還處於「沈默」、躊躇的階段。當他停歇了半年又創作和發表他的詩作的時候，他才眞正從「沈默」中爆發。

收在《預言》詩集卷三中的《送葬》、《于猶烈先生》、《聲音》、《人類史圖》和

《醉吧》這五篇詩，篇篇都深深的植根於人間，植根於社會，植根於「充滿了不幸的黑壓壓的大地」。例如，一九三六年作于萊陽的《送葬》：

燃在靜寂中的白蠟燭／是從我胸間壓出的歎息。／這是送葬的時代。／／我聽見壞脾氣的拜倫爵士／響著冰冷的聲音：「金錢。／冰冷的金錢。但它可以換得歡快。」／我看見訥伐爾用藍色絲帶／牽著知道海中秘密的龍蝦走在大街上，／又用女人圍裙上的帶子／吊死在每晚一便士的旅館的門外。／最後的田園詩人正在旅館內／用刀子割他頸間的藍色靜脈管。／／我再不歌唱愛情／像夏天的蟬歌唱太陽。／形容詞和隱喻和人工紙花／只能在爐火中發一次光。／無聲地齧食著書葉的蠹子／在懶惰中作它們的繭。／這是冬天。／／在長長的送葬的行列間／我埋葬我自己，／像播種著神話裏的巨蟒的牙齒，／等它們生長出一群甲士／來互相攻殺，／一直最後剩下最強的。

這是詩人的反抗意識所結成的一個成熟的果實。詩的開頭，以「送葬的時代」來詛咒那醜惡的社會；英國詩人拜倫，「立意在反抗，指歸在動作」、「超脫古範，直抒所信，其文章無不含剛健抗拒破壞挑戰之聲」（魯迅語）。第二節借拜倫的「聲音」揭露那金錢社會的冷酷、無恥。第三節寫通過訥伐爾和葉塞寧的命運反映詩人對新的道路的探索。法國詩人訥伐爾，像「知道海中秘密的龍蝦」那樣知道人間社會的弊病，然而他苦於無法療救，陷於絕望，最終自殺；前蘇聯詩人葉塞甯早期的詩描寫農村自然景色，歌頌宗法制度下的農民生活，作品中流露悲歡情緒和頹廢思想，後轉而反映現實，但不願投身實際社會鬥爭而尋短輕生。作者對這兩位詩人表示了同情，同時又寄寓了對自身未來新路的探索和尋思。第四節表明這種尋思的結果：從此再不「像夏天的蟬歌唱太陽」那樣「歌唱愛情」。第五節表達了作者對詩作的價值觀：那種僅僅注重詞語雕琢的形式主義作品，猶如「人工紙花」，「只能在爐火中發一次光」，默默地「齧食著書葉」的作者如同蠶蟲「在懶惰中」作繭自縛。這裏，多少寓含著作者對早期脫離現實的創作傾向的反省和追悔。所以，末節則發出了「我埋葬我自己」呼喊。

如果說《送葬》是何其芳決心轉變其詩歌創作傾向的第一聲吶喊，那麼作於一九三七年的《雲》更是這種轉變的錚錚宣言：

「我愛那雲，那飄忽的雲……」／我自以爲是波德賴爾散文詩中／那個憂鬱地偏起頸子／望著天空的遠方人。／／我走到鄉下。／農民們因爲誠實而失掉了土地。／他們的家縮小爲一束農具。／白天他們到田野間去尋找零活，／夜間以乾燥的石橋爲床榻。／／我走到海邊的都市。／在冬天的柏油街上／一排一排的別墅站立著／像站立在街頭的現代妓女，／等待著夏天的歡笑／和大腹賈的荒淫，無恥。／從此我要嘰嘰喳喳發議論：

／＼我情願有一個茅草的屋頂，／＼不愛雲，不愛月，／＼也不愛星星。

作者回顧以往的許多詩作，猶如「那飄忽的雲」，飄在幻想的空中。但「現實的鞭子終於會打來的，而一個人最要緊的是誠實，就是當無情的鞭子打到背上的時候應當從夢裏驚醒起來，看清它是從哪裏來的，並憤怒的勇敢的開始反抗。」作者是怎樣「從夢裏驚醒起來」的？「我走到鄉下」和「走到海邊的都市」，看見了貧富懸殊的兩個世界，「看見了農村和都市的不平，看見了農民沒有土地」，因而否定了那種爲個人而藝術的錯誤見解，「從此我要嘰嘰喳喳發議論」，用自己的文字「憤怒的勇敢的開始反抗」。爲此，情願有一個實實在在的茅草的屋頂來取代自己昔日對雲、月和星星。至此，作者完成了自己的詩歌創作觀念上的一個跨越和劇變。

何其芳在《〈刻意集〉序》中寫道：「我寫了許多詩。就是說寫了許多壞詩。把《燕泥集》中的一部分和這集子裏的放在一塊兒看，一條幾乎走入絕徑的『夢中道路』便顯明的展在我面前：我是怎樣從蓬勃，快樂，又帶著一點憂鬱的歌唱變成彷徨在『荒地』裏的『絕望的姿勢，絕望的叫喊』，又怎樣企圖遁入純粹的幻想國土裏而終於在那裏找到了一片空虛，一片沈默。『我沈默著過了整整一年。』我幾乎完全忘掉了詩。但在對於它的熱情消滅之後，我才清醒的得到一個結論，……詩，如同文學中的別的部門，它的根株必須深深的植在人間，植在這充滿了不幸的黑壓壓的大地上。」這，便是作者從一九三一年至一九三七年這七年中詩歌創作的一個輪廓和創作傾向嬗變的軌跡。

何其芳確實寫了許多詩，特別是一九三一年至一九三七年，是他詩歌創作的一個豐收的季節，但他自認爲「寫了許多壞詩」，這只應視爲他在詩風裂變之後對以往詩作的嚴格的審視和苛刻的評判。總的說來，何其芳這一時期的詩集擁有衆多的讀者，他的這些詩作，不僅給讀者以藝術的享受，而且再現著一段耐人尋味的人生。

三、《還鄉雜記》

一九三六年暑假，何其芳回四川故鄉之後，幾乎是帶著一種淒涼的被流放的心境，來到山東半島上的一個小縣裏。在這裏，他發現了他的精神上的新大陸。他計畫著寫長篇小說。這時一位在南方編雜誌的朋友來信問他是否可以寫一點遊記之類的文章，這使他突然有了一個暫時的工作計畫，想在上課改卷子之餘，用幾篇散漫的文章描述出他的家鄉的一角土地。於是，從一九三六年九月至一九三七年三月，他先後創作了《嗚咽的揚子江》、《街》、《縣城風光》、《鄉下》、《我們的城堡》、《私塾師》、《老人》等記述故事、見聞的散文。這些散文作品，最初於一九三九年由上海良友圖書公司印行，由於戰亂，印漏了《私塾師》等三篇，《我們的城堡》只印了一個開頭，書名也錯印爲《還鄉日記》；一九四三年由何其芳的友人在桂林重印，作了補正，書名改爲《還鄉記》，但這仍然不是完整的版本，其中《我們的城堡》只印出一頭一尾；一九四九年由巴金在上海文化生活出版社第三次印出，巴金考慮到沙汀有一部長篇小說名爲《還鄉記》，故將這本散文集改名爲《還鄉雜記》，並爲之寫了《後記》。

《還鄉雜記》中的作品，記述了作者在還鄉途中和在故鄉的所見所聞，在對故鄉的人、事、景描述中融和著作者厚重的思想感情，對不合理的社會現象作了生動的揭露和批評。從創作和發表的時間來看，這些散文以作者返鄉的過程和途徑爲序，由遠及近，由外到內，形成了一個有機的系列。

《嗚咽的揚子江》，記述作者沿長江返鄉所經歷的折騰、勞頓，再現了當時交通的落後狀況給旅人帶來的失望、煩躁和混亂。「於是，從這狹隘的峽間的急流，我聽見了一隻嗚咽的歌，不平的歌，生存與死亡的歌，期待著自由與幸福的歌。」

《街》，寫作者沿長江一路西上到了萬縣的縣城，勾起了他對兒時從鄉下進城的回憶：「現在，我踟躕在我故鄉裏的一條狹小、多曲折、鋪著高低不平的碎石子的街上，仿佛垂頭喪氣地走進了我的童年。」「一個十歲左右的孩子並不知道沒有溫暖，沒有歡笑的日子是可以致病的，但我那時已似乎感到心靈上的營養不足了。像一根不見陽光的小草，我是那樣陰鬱，那樣萎靡。」當憶起當年「那些病菌似的寄生在縣裏的小教育家」的醜惡行徑時，作者寫道：「與其責備他們，毋寧責備社會。這由人類組成的社會實在是一個陰暗的，污穢的，悲慘的地獄。我幾乎要動手寫一部書來證明植物比較人類有更美麗的更自由的生活。」

年歲流逝，家鄉依然如舊。作者既沒有歡欣，又沒有過去的冷漠。文末寫道：

> 最後到了一座大門前。
>
> 這是一個小學，我有一個認識的人在裏面。但說不準在這暑假裏他已回到鄉下去了。
>
> 兩扇大木門關得十分嚴密。我起初輕輕地敲著門環。隨後用手重拍，隨後大聲叫喊。然後側耳傾聽。裏面是黑夜一樣安靜。我想一個學校不會沒有門房。我想也許有一個旁門，但問側邊的人家，都說沒有。
>
> 於是，像擊碎我所有的沉重的思想似的，我儘量使力地用拳頭搥打著門，並且儘量大聲叫喊起來。
>
> 我摸出口袋裏的夜明表：八點鐘。

如果不怕牽強的話，對這似乎帶有象徵性的煞尾，我們不妨作這樣的理解：作者因家鄉的陰暗、悲慘而產生了「沉重的思想」，他要用自己的搥打、吶喊，叩開一座大門，打破裏面的黑夜一樣的安靜，警醒沉睡在這條街坊的故鄉居民。

《縣城風光》，寫作者「對這縣城我雖沒有預先存著過高的期望，也曾準備刮目相看，因爲已別了三年。而且據說它已從軍閥手中解脫了出來。」但「蕭條的市面向我訴說著商業的凋零。」更使作者感到迷惑而難於解釋的是，那些「訴說著商業的凋零的小市民竟懷念十年前駐紮在這縣城裏的那個小軍閥了。」由此使作者產生了這樣的慨歎：「人是可憐的動物，善忘的動物。當我們不滿意『現在』時往往懷想著『過去』，仿佛我們也曾有過一段好日子，雖說實際同樣壞，或者更壞。我們便這樣的活下去。而這便是人的歷史。」儘管作者在一九四六年所作的《〈還鄉雜記〉附記三》中說：「在《縣城風光》中，我也把人們不滿當時的現狀以至懷念昔日的舊軍閥的事實，勉強地解釋爲是人們『善忘』，……當時的老百姓的感受和情緒完全是對的，而我這種妄爲解釋卻完全錯了。」但是，當時作者對這個縣城的民眾哀其不幸，怒其不怨的心路是明顯的，也是無可指責的。

《鄉下》反映家鄉的人們頑固守舊，他們對於新的東西的侵入是慢慢的讓步，便生活在迷信和謠言之中。登上鄉下的小山，作者想起了《創世紀》上耶和華臨驅逐亞當出樂園時給亞當的詛咒：「你必終身勞苦才能從地裏得吃的。地必給你長出荊棘和蒺藜來，你也要吃田間的菜蔬。你必汗流滿面才得餬口，直到你歸了土，因爲你本來是從土而出。你本是塵土，仍要歸於塵土。」然而作者認爲：「我們應該把這詛咒擲回去，擲向那該死的人工捏造的耶和華，擲向一切教我們含辛茹苦，忍受終身，至死不發出怨言的宗教。如果人類想在地上有一座樂園，必定得用自己的手來建造。如果人類曾經失去了一座樂園，必定是用自己的手搗毀的。」

《我們的城堡》中的「城堡」，是作者祖父輩很親的六房人合力建築在一座小山上的住宅，是一個攔阻匪徒搶劫的碉樓。在這裏，曾經發生過驚心動魄的槍戰，「那些寄居過的地方，那些陋巷，總之那種不適宜於生長的環境使我變成怯懦而又執拗，無能而又自負，沒有信任也沒有感謝的漠視著這個充滿了人類的世界了。」

《私塾師》回顧了作者在私塾的學習經歷，重現了「那簡直是一幅地獄裏的景象」在作者的心頭留下的無法抹去的陰影。何其芳在《論救救孩子》一文中說，差不多在二十年前，魯迅已經喊過「救救孩子」，然而直到現在我們還是常常聽見孩子的哭聲，大人的打罵聲。一九三七年冬天，「《新少年》要我爲它寫一篇文章，我很遲疑：我到底寫一點什麼呢？爲那高小和初中程度的孩子爲讀者的刊物？結果過了許久才寄出了一篇《私塾師》。我當時想，對於現在的孩子們過去的私塾生活是古怪得有趣的，而且他們知道了它，也許還是有益的，因爲他們會這樣對自己說：『感謝我們這時代，和過去比較，我們幸福得多了。讓我們努力吧。』」這，就是《私塾師》的寫作緣起。

《老人》中所追憶的第一個老人是作者的外祖母家的老僕。他焚香敬神極端虔誠；他是一個聾子，難以與人交流，只知道默默地勞動，直到永遠離開外祖母家的那所古宅。第二個老人是他家老住宅的看門人。不知是由於生性褊急還是人間的貧窮和辛苦，使他性格暴躁。他後來常從事於一種業餘工作：坐在一個特別的木架上，用黃色的稻草和竹麻織著草鞋，廉價賣給出入於寨中的轎夫、工匠或者僕人。「他一生足跡不出十里，而那些他手織成的草鞋卻走過了許多地方，遭遇了許多奇事。」還有「一個間或到我家來玩幾天的老人」，他是一個武秀才，喜歡談論與武藝有關的事物，曾到很遠的地方去販賣過馬，「我倒更熱切地聽著關於山那邊的情形」，猜想「那與白雲相接併吞了落日的遠山的那邊，到底是一些什麼地方」？最後，作者陷入深思而如入夢境：似乎自己也已經是一個老人了。當他從沉思裏驚醒，他清楚地意識到：「在成年和老年之間還有著一段很長的距離。我將用什麼來填滿呢？應該不是夢而是嚴肅的工作。」

通觀《還鄉雜記》中的這幾篇散文，我們不難看出，作者逐步地改變了在《畫夢錄》和《刻意集》中的空虛、寂寞、哀愁、彷徨、徘徊的情調，對未來抱有信心和希望，並要以「嚴肅的工作」去實現自己的希望了。在表現手法上，也不像《畫夢錄》和《刻意集》中的散文那樣「畫夢刻意」，在凋殘華麗的古代夢和魔術中編織著飄渺的故事，筆觸纖細而又朦朧，而是趨向于自然流暢地描述故鄉的人、事、物、景，他接觸了較多的世相，覺得「這由人類組成的社會實在是一個陰暗的、污穢的、悲慘的地獄。」他的「情感粗起來了」。這些散文與詩集《預言》卷三中的《送葬》、《雲》等五篇詩一樣，是作者的創作傾向發生變異的一個重要標誌。

四、「成都，讓我把你搖醒」

抗戰來了。對於我它來得正是時候，因爲我不復是一個臉色蒼白的夢想者，也不復是一個怯懦的人，我已經像一個成人一樣有了責任感，我相信我在任何地方都可以做一些事情。④

抗日戰爭爆發，何其芳躊躇滿志。於一九三七年九月從山東的萊陽回到家鄉萬縣，任教於四川省立萬縣師範學校。在那裏，他發現家鄉仍然那樣落後：在他教著書的這所學校裏，教員們幾乎成天打著麻將。當上海失陷、南京失陷的消息出現在報紙上，他們也顯得不安而且歎息，但仍然關心他們的職業和薪金更甚於關心抗戰。那個五十多歲的半聾的校長，一個從前在日本學工程的，在教員休息室裏公開地說中國打不贏日本。當時由於受戰事的影響，教材無法買到，只能由教員自編。有學生說，有些「古文」他們已經讀了五六遍：小學時先生選來教過的，初中一年級時先生又選來教，二年級或三年級換了先生時又選上了，反來覆去是那幾篇。那學校的圖書館裏幾乎沒有新文學書籍，而學校指定給他們的暑假讀物是《孟子》和《曾國藩家書》。許多學生是那樣的安靜，那樣老成。他們對於學校是有著許多意見的，然而他們卻很少正面地提出來。他們非常世故，喪失了年輕人的理想、熱情和勇敢。

何其芳對這種現實深感不滿，但又不是單責備他們。他覺得「十分需要著啓蒙的工作」，以輿論喚起民衆的覺醒。於是，他與當時同在萬縣從事文化教育的好友楊吉甫一起，在《川東日報》上合編了《川東文藝》週刊。

一九三八年初，何其芳到了成都，想在大一點的地方多做一點事情。在成都聯合中學教書時，與卞之琳、方敬等創辦了《工作》半月刊。卞之琳在《何其芳與〈工作〉》一文中回憶說：

> 戰爭把我們許多人推移到成都。一九三七年初春，原在外邊工作的四川老鄉和「下江人」回到或初到成都的還很少。成都在許多方面還保留了古舊風光。青羊宮的花會、草堂的門聯「錦水春光公占卻／草堂人日我歸來」、當時還能觀看暢行舟楫的望江樓、門口常停了幾輛軍政要人的小汽車的北門外臨江開設的陳麻婆老豆腐店等等，確還對我

們遠離炮火連天的「下江人」具有吸引力而同時引起內心的不安與鄉愁、國憂。當時成都物價低廉，即使我們難得光顧「不醉無歸(成都戲稱『烏龜』)小酒家」、鎮江樓(成都人嘲爲「鎮豬樓」即「敲竹槓樓」)等一流飯館，什麼「吳抄手」、「賴湯元」、「邱老糟」、「王胖鴨」、「矮子齋」等等也使我們常得以品嘗道地風味小吃。然而，例如至德號，敞開「餐廳」，展示有名的粉蒸牛肉一小屜一小屜接成一根根毛竹筒似的叢列在蒸鍋上，儘管也吸引我，我是淺嘗即止，不是因爲味道不好，只因爲桌子下有餓狗穿腿，桌子上有乞丐伸手。而清雅的少城公園茶座，桌腳邊往往見一堆積到寸厚的濃痰也是實在令人嘔心。我們在「蜀」而實在難以「樂不思蜀」。四川出了那麼多新文學大家，但是這裏不僅抗戰空氣沒有吹進來，連「五四」啓蒙式新文化、新文學運動好像也沒有在這裏推得起微瀾。所以其芳從萬縣到成都後，我們就考慮自辦這個不限於宣傳抗戰的小刊物。

《工作》的籌辦者，自願每人輪流出五塊錢支付每期紙張(通常用作手紙的淺黃土紙)和印刷費用。最初由卞之琳擔任執行編輯，何其芳、方敬和何其芳的妹妹等人負責校對發行。刊物是十六開八頁，每頁兩欄豎排，沒有封面，僅在第一面，靠右邊一通欄長方條內，上格用大字印刊名，中格用小字四行注明每期出版日期、編輯、發行者、通訊處、定價，下格印本期號和本期目錄。第一期出版於一九三八年三月十六日，每月一日和十六日出版。

《工作》的撰稿人極大多數是從沿海各地，特別是從淪陷後的北平和即將被敵占的上海（包括租界），先後初次到或重新回到成都的文教界人士，以四川大學爲中心。嚴格說來，這並非同人刊物，言明撰稿者文責自負，但有一個共同的目標，那就是宣傳抗日和支持正義。所刊用的來稿，絕大多數是散文，有雜感、隨筆、報導、通訊，偶爾也刊登詩歌和短小說。這類刊物在當時的成都還是第一個，也是僅有的一個。共辦了三個半月，到第八期就發表了休刊聲明。

何其芳是《工作》的主要撰稿人之一，幾乎每期都有他的文章或作品。他在第一期至第八期上，先後發表了《論工作》、《論本位文化》、《萬縣見聞》（後改爲《某縣見聞》）、《論救救孩子》、《論周作人事件》、《坐人力車有感》、《論家族主義》等多篇散文和雜文。與思想內容相符，他的筆頭顯得開朗、尖銳、雄辯。例如：

在《論工作》一文中，他對學校奉命組織戰時後方服務團，並對服務團的學生進行「古怪的訓練」的形式主義做法作了深刻的揭露，對這一類的後方工作情形表示了強烈的不滿，尖銳地提出了在前方正在打仗抗日的情況下，在後方，「到底我們做過了一些什麼，正在做些什麼，和打算做什麼」的問題；他明確主張：我們應當去做更切實、更有效、更有利於抗戰的事情。

在《論本位文化》中則認為：我國的文化有一個很大的缺點，就是缺乏「人」的觀念。對失陷區的民氣的消沉，「應該歸罪於一千多年來的專制政體之下的順民訓練。」「所以我不贊成籠統地提倡固有文化或本位文化」，「要提倡本位文化，或者固有文化，至少應該把它的缺點找出來，像對腐爛的瘡肉一樣割掉。」

《論救救孩子》中指出了「一個整個的戰時教育問題」：「有部分學校仍有著復古的傾向，或抱形式主義，比如辦女學校的還主張著什麼三從四德，專門訓練著學生包被窩，用洋蠟擦地板，以博得參觀者或查學者一句讚語之類。」「復古的風氣可以使孩子們的腦子麻木」，所以作者重複地發出了「救救孩子」的呼喊。

總的說來，抨擊當時濃厚的讀經空氣、歧視婦女和虐待兒童的封建思想殘餘、暗暗地進行著的麻醉年輕人的腦子的行徑，是作者在這一階段所作文章的主旋律。其中，引起更大震動的是他的雜文《論周作人事件》：

一九三八年五月八日，成都的一些報紙刊出了一條引人注目的新聞，有的標題是《周作人等竟附逆》，有的是《周作人做了漢奸》，有的還在標題下面加一個「？」。這條新聞也並非空穴來風，因為周作人已和日本大使館參事、日本陸軍特務等要員一同出現在「更生中國文化建設座談會」中，他們的談話和照片已出現在日本大阪的《每日新聞》上。

由於很多人都還沒有忘記周作人在五四運動前後對於新文學的貢獻，雖然未必如報紙上所說他還是什麼「新文學權威」，周作人到底還是很知名的；而且由於他在「語絲時代」的積極態度，早一點在北平住過的人對他也許還沒有完全喪失敬意。所以當風聞日本人要扶周作人「出山」，有的表示懷疑，有的認爲周作人雖然被「拉」，但尚未「下水」；有的希望人們不要把他當作李陵看，應該當作蘇武；有的說他想從北平南逃也似乎無法，因爲他的浙江紹興老家已不存在；有的主張再看一看，免得絕人之路；有的表示惋惜。而何其芳在《論周作人事件》中卻一針見血地指出：「長久地脫離了時代和人群的生活使他糊塗，使他糊塗到想在失陷的北平繼續過舒服的日子，因此雖說他未必想出賣祖國以求敵人賞賜一官半職，也終於和那些出賣祖國的漢奸坐在一起了。」「周之落得這樣一個下場並不是怎樣可駭異的。因爲這不是偶然的失足，也不是奇突的變節，而是他的思想和生活環境所造成的結果。他順著他的路走到了他的墳墓。」

儘管後來事實證明何其芳的批判是正確的，但在當時還是遭到了來自各方面的非議，包括與他親近的那些人，連朋友在內，幾乎沒有一個贊同他的，不是說他「刻薄」，就是嫌他「火氣過重」：

有人借這次大阪《每日新聞》的傳聞，攻擊到周氏的私生活，罵他吃苦茶，妒忌魯迅，街上遇人不打招呼。世間完全人恐怕很少，我相信周氏也難免有凡人所常有的毛病。但是這另是一問題，似不應和他是否附逆相提並論。我們對自己盡可謹嚴，對旁人不妨寬厚一些。⑤

何其芳回憶：「一個到希臘去考過古的人，老早就勸我不要寫雜文，還是寫『正經的創作』，而且因爲我不接受，他後來便嘲笑我將成爲一個青年運動家，社會運動家，在這時竟根據我那篇文章斷言我一定要短命。」

同樣遭到非論的也包括在此之前何其芳在《工作》上發表的《論工作》、《論本位文化》和《萬縣見聞》等文章。有位友人致信何其芳說：「省師的教職員見著你在《工作》上寫的文章，很不滿，對學生指責你的錯處。」

然而，何其芳清楚地意識到自己這幾篇文章的作用：「我的聲音是十分細小的，即使達到了有些人的耳朵內也許還使他們不舒服，因爲我這像蚊子一樣的聲音擾亂了他們的圓滿的復古夢，或者完成個人的富貴的成功夢，或者不過僅僅坐在牌桌子上的三番夢。」⑥從抗戰的槍聲中，成都的一些人們仍然死睡在各自的夢中，何其芳深感寂寞，也感到義憤，於是在《工作》的第七期的頭條，發表了他的詩作《成都，讓我把你搖醒》。其中的第一章和第三章寫道：

成都又荒涼又小，／又像度過了無數荒唐的夜的人／在睡著覺，／雖然也曾有過遊行的火炬的燃燒，／雖然也曾有過淒厲的警報，／／雖然一船一船的孩子／從各個戰區運到後方，／只剩下國家是他們的父母，／雖然敵人無晝無夜地轟炸著／廣州，我們僅存的海上的門戶，／雖然連綿萬里的新的長城／是前線兵士的血肉。／我不能不像愛羅先珂一樣／悲涼地歎息了：／成都雖然睡著，／卻並非使人能睡的地方。／／而且這並非使人能睡的時代。／這時代使我想大聲地笑，／又大聲地叫喊，／而成都卻使我寂寞，／使我寂寞地想著馬雅可夫斯基／對葉賽寧的自殺的非難：／「死是容易的，／活著卻更難。」

然而我在成都，／這兒有著享樂、懶惰的風氣，／和羅馬衰亡時代一樣講究著美食，／而且因爲污穢、陳腐、罪惡／把它無所不包的肚子裝飽，／它在陽光燦爛的早晨還睡著覺，／／雖然也曾有過遊行的火炬的燃燒，／雖然也曾有過淒厲的警報。／／讓我打開你的窗子，你的門，／成都，讓我把你搖醒，／在這陽光燦爛的早晨！

在何其芳看來，此時的成都，充滿著污穢、陳腐和罪惡，敵人無晝無夜地轟炸著，這裏的人們依然沉睡在夢中，使它感到悲哀，感到寂寞。於是他想：「我應該到另外一個地方去，我應該到前線去。即使我不能拿起武器和兵士們站在一起射擊敵人，我也應該去和他們生活在一起，而且把他們的故事寫出來，這樣可以減少一點我自己的慚愧，同時也可以使後方過著舒服的生活的先生們思索一下，看他們會不會笑那些隨時準備犧牲生命的兵士們也是頭腦暈眩或者火氣過重。」

【注　釋】

①②何其芳：《一個平常的故事》。

③何其芳：《〈刻意集〉三版序》。

④同注①。

⑤何其芳：《關於周作人事件的一封信》。

⑥何其芳：《論救救孩子》。

第四章　從「茅草屋頂」到烽火戰場

一、「工作沒有地域性」

何其芳帶著早熟的憂鬱，衝出夔門，在上海住了一年，「闊大的天空與新鮮的氣息沒有給我什麼益處。我像一棵托根在磽薄地方的樹子，沒有陽光，沒有雨露」。到了衰落的北方的舊都北平，先是入清華大學而受阻，後來笛卡爾、康德、黑格爾哲學又使他不知所云、昏昏欲睡。離開了那個安靜的頹廢的都市北平，到天津的南開中學教書，「一個新的環境像一個獰笑的陷阱」。到了山東萊陽教書，在那裏他找到了「精神上的新大陸」，使他從幻想中回到了現實，如同從天空「飄忽的雲」轉到了地上的「茅草屋頂」。他本以爲無論在什麼地方都可以做一些事情，於是由山東返回四川，想在家鄉做一點「啓蒙的工作」，而合編的《川東文藝》又遭到阻礙。想到大一點的地方成都多做一點事情，在《工作》上發表的文章又遭到衆人的非議。他這樣不停地奔波，似乎「永遠不能給自己造一個溫暖的窩」。不過，在《論工作》一文的字裏行間，似乎就隱含著他心中的「另一個地方」，即他想去的「前線」：

現在我更想起了最近來成都後一位朋友的話，「工作沒有地域性」。這是他的一篇未寫的文章的題目。在原則上，這句話的含義我是贊同的。不過，他倒不是針對著那些有能力做工作而不做的人們而說，他是打算討論一下最近一半年來青年們到陝北去的問題。他並且附帶的提及，他知道有一個失戀的人也要到陝北去。在這裏我不能不提出我的異議了。就我所知（我所知的事實自然是很有限的），到陝北去的多半是準備去受訓練的，他們多半認為普通的學校負不起訓練他們的責任，或者那種普通的訓練不合乎他們目前的需要，因此毅然到另外一個環境去進學校，沒有什麼可非難的。至於他們是在失業之後，或者失學之後，或者失戀之後才去，還是在什麼也沒有失之前就去，都不必追問。就比如說那個失戀的人吧，他因為失戀而到陝北去，不比因為失戀而自殺，而頹廢，而糊塗下去強得多嗎？

在這裏，何其芳竭力地為去陝北的青年們辯護，認為無論由於什麼原因，「毅然到另一個環境去進學校，沒有什麼可非難的。」他甚至認為，「假如我們有機會有能力去做更切實，更有效，更有利於抗戰的事情，放棄文學工作並不是可惋惜的。」可見，一九三八年三月，何其芳的心目中就已經有了自己所想去的「另外一個地方」——陝北。

二、並不平常的故事

一九三八年八月八日，何其芳與沙汀、卞之琳一起離開成都去陝北，歷時十八天到達了延安。

荒煤《憶何其芳》中寫道：「我第一次見到何其芳同志，就是一九三八年秋天，中秋節前後。記不清是在什麼場合見的面了。我到延安魯藝，開始是在戲劇系工作，但是我和沙汀同志原在上海就熟識，常去看他，大概就是經過沙汀認識的。反正，第一個印象，覺得他不像個『詩人』——我腦子裏的《畫夢錄》的作者，大概是個瘦弱、蒼白的人，因爲《畫夢錄》給我的印象，它的思想和感情是那麼纖細、柔弱，還帶著些迷惘、憂鬱的情調。沒想到其芳卻是矮矮胖胖，圓圓的臉上帶著幾分憨笑，也並不顯得聰明。於是發生可笑的疑問：他怎麼會是《畫夢錄》的作者，並且會同沙汀跑到延安來？」荒煤的「疑問」中包含這樣一層意思：曾是《畫夢錄》作者的何其芳跑到延安來，似乎有點「不平常」，甚至有點不可理解。然而，何其芳以《一個平常的故事》，回答了中國青年社代表讀者向何其芳所提出的一個問題：「你怎樣來到延安的？」其中寫道：

因爲我曾經寫了《畫夢錄》？

這不是一個好理由。那本小書，那本可憐的小書，不過是一個寂寞的孩子爲他自己製造的一些玩具。它和延安中間是有著很大的距離的，但並不是沒有一條相通的道路。

……我回顧我的過去：那眞是一條太長太寂寞的道路。我幼年時候的同伴們，那些小地主的兒子，現在多半躺在家裏抽著鴉片，吃著遺產，和老鼠一樣生著孩子。我中學時候的同學們現在多半在精疲力竭地窺伺著、爭奪著或者保持著一個小位置。我在大學裏所碰到的那些有志之士，多半喜歡做著過舒服的生活的夢，現在大概還是在往那個方向努力。從這樣一些人的中間我走著，走著，我總是在心理喊，「我一定要做一個榜樣！」我感到異常孤獨，異常淒涼。來到延安，我時常聽見這樣一個習慣語，「起模範作用」。有一天，我突然想到它和我自己的那句話的意思差不多。不過大家說著它的時候，不是帶著悲涼的心境而是帶著快活的，積極的意味。

何其芳的告白是坦誠的。他走過了「一條太長太寂寞的道路」，他「感到異常孤獨，異常淒涼」，「而且帶著一些陰暗的記憶」去了延安，似乎並沒有什麼改天換地的凌雲壯志，只是想爲那些躺吃遺產、爭權保位、「喜歡做著過舒服的生活的夢」的同齡人樹立一個正面的、積極的榜樣。是的，從當時何其芳的家庭境況來看，他是有點財產可吃、可以過一陣子「舒服的生活的」。朱企霞在《憶早年的何其芳同志》一文中說：「其芳談到過他的父親對他所抱的夢想。他說他的父親每年來信裏必定有一次興頭孜孜地通知他家那一年又添購了多少田地。他家有一個寨子，據說還有武器。父親一直夢想其芳大學畢業回去住在那個寨子裏當寨主。『當然，我決不會回去，』其芳說，『家裏有一些什麼，都讓弟弟妹妹們去處理罷。』其芳當時的覺悟程度當然無從預見到後來的土地制度的改革。他決心不回去，那只是表明他不回去同弟妹們分享他父親置下的那份產業。那只是一種「好兒不得爺田地，好女不穿嫁時衣」的素樸思想的反映。現在看來，那種思想當然是十分平淡無奇的。不過，當時儕輩之中，正不缺乏地主家庭出身的子弟，我卻從來不曾聽見除其芳以外有誰宣稱過，願意放棄家鄉已有的田地或其他產業。從其芳的那種表白，我認出了其芳的不同於庸衆的潔身自好的心。我一直管那個心叫做其芳性格上的純潔。」

「潔身自好」固然是何其芳性格的一個側面，但還不足以概括他背離比較富有的家庭而奔赴陝北的根本原因。他在《寂靜的國土》一詩中更加明確地坦露了自己的心跡：

這就是我曾經在它上面生長起來的國土。／這就是我曾經和他們一起呼吸的人民。／他們的潛藏的力量只夠貧窮的生活的消耗。／他們的靈魂裏的黑色的悲苦不被人知道。／他們生前幾乎沒有希望，／死後也沒有幻想的天堂。／／我就是從他們中間走了出來。╲對於他們我是負債的。╲我的父親不種田而我有糧食吃。╲我的母親不織布而我穿著衣。╲雖說我的祖父的祖父是一個自耕農，╲我的祖父的祖母也常常下田耕種，╲人們說，在六月的大太陽天，因爲沒有草帽，╲她常常披一床破席子到田裏去鋤草，╲我的父親已經沒有了農民的辛勤╲而僅僅有著地主的貪婪和慳吝。╲他的箱子裏放著許多錠銀子；╲每年除夕他把它們取出來，擺在桌子上；╲他從蠟燭光中望著它們，發出微笑。╲如果不得他的同意，我的母親到縣城裏去╲爲孩子們買了幾尺布或者一雙鞋子，╲他就要把它們撕破而且和她大吵一次。╲我就是從這樣的小天地裏走了出來，╲走到了無邊的闊大的世界。╲我走進了人類的文化的樹林裏。╲我發現了許多秘密。╲我才知道人可能過著另外的生活，╲而且這可能就依靠他自己。

可見，何其芳已經深刻地感受到社會的不合理，在民族危亡的時期，他要從家庭這個「小天地」走向「無邊的闊大的世界」，從野蠻的貪婪和慳吝走向人類文化林，他要「依靠他自己」，去過「另外的生活」，他要和人民「一起呼吸」。

當然，從近處說，他一九三八年在成都所寫的雜文遭到非難，確是一個直接的「觸發點」：「從它也就可以看出一個初上戰場的新兵的激動。然而當時並不懂得如何團結各種可以團結的社會力量，尤其不懂得如何投身實際鬥爭中去深入群衆，改造自己，因之在一個小圈子裏很快就感到了孤立。成了這樣一個打了敗仗的個人主義的散兵遊勇，我才想到去投奔一支苦戰了十餘年的大軍。」①

三、「打算專心寫報告」

何其芳奔赴延安的一九三八年，那是抗日戰爭的第二年，當年他才二十六歲。抗日戰爭的初潮澎湃，在向延安進發的途中，他心情激動，同時還帶著年青人的一絲單純，甚至有點「狂妄」，他坐在川陜公路的汽車上，竟想到了倍納德·蕭離開蘇維埃聯邦時的一句話：「請你們容許我仍然保留批評的自由。」他去延安的決心中，「還帶著一種寫作上的企圖。我當時打算專心寫報告。」

初到延安，那時延安城內還沒有遭到日本飛機的轟炸。街道狹小，卻是整潔。街道兩邊商店的招牌的底色都是藍的，看起來雖不漂亮，但還潔淨。他和同去的朋友就住在這種商店旁邊的西北旅社裏。小院，土炕。紙糊的有方木格的窗子。吃飯就到這個邊區政府招待所的隔壁的食堂裏。第一次吃小米飯，顏色黃黃的，吃起來有些掛喉嚨。但第二次吃，就不覺得難吃了。

在西北旅社，他們要求發給當時延安幹部和軍隊都穿的灰布制服。何其芳穿上新服裝以後，就像小孩子一樣高興。

在一間窯洞式的屋子裏，他們受到毛澤東的接見。他們提出「想寫延安」。毛澤東幽默地微笑著說：延安有什麼可寫的呢？延安只有三座山：西山、清涼山、寶塔山。毛澤東一邊說，一邊舉起右手來，說一座山彎下一隻手指；但緊接著又嚴肅地加上一句：也有一點點可寫的。並肯定地說：文藝工作者應該到前方去。

一九三八年九月間，他被分配到在那裏的魯迅藝術學院任教。一天，賀龍到魯藝講演，何其芳被賀龍的詼諧、幽默、自信和樂觀所吸引，就想跟他一起到晉西北抗日前線去。

兩個月之後的一天，何其芳等幾個人到賀龍在延安的住地去。賀龍當時住在城裏一個招待所裏。那是一連三間窯洞的民房，光線不好。窯裏的土炕也沒有拆掉，就在那高高的炕上再支著木床。

言談中，賀龍對何其芳他們說，愛得加．斯諾寫草地沒有把草地的好的一面寫出。草地裏有很好的出產，如金銀。那裏的居民的房子有修得很漂亮的洋房，裏面有漆過了的地板。河裏的魚很多，而且沒有人釣過，傻得很。……

賀龍的這番話，彷彿表明了他處在艱苦環境中的一種樂觀情緒。但對於準備到延安「專心寫報告」的何其芳來說，其含義恐怕就不僅於此了。

在此之前，何其芳雖然以詩人著稱，然而對於「寫報告」，也不是毫無根底的。在去延安之前，他就曾以楊應雷的筆名在一九三八年四月十六日出版的《工作》第三期上發表過題爲《萬縣見聞》（後編入《星火集》時改題爲《某縣見聞》）的報告。

進入延安不到三個月，於一九三八年十一月十六日，就在《文藝陣地》上發表了他的報告《從成都到延安》，後編入《星火集》時改題爲《川陝路上雜記》。

《從成都到延安》，是作者「回顧來路」，根據他在小日記本上的記載所寫下的三千華里路途中的種種事實與感受。以概述十八天的旅程開頭，正文包括「一個四川北部的小縣城」、「白龍江邊的兩個插曲」、「我的腳第一次踏進陝西」、「西安，幾行記錄」、「坐著八路軍的車子」、「戰士和他們的故事」、「我們三十二個」這七節，七點一線，「這也是一條長長的充滿了事實的路呵」，它跨越了不同的境域，帶上了不同的色彩，又統一於作者的意念。

初到延安的兩個多月，他根據在延安參觀和訪問所得，寫了《我歌唱延安》。憑著他對延安的觀察和對歷史的鉤沉，以形象鮮明的對比，以詩人的筆觸，把延安比作一支歌，是一支「崇高的名曲的開端，響著宏亮的動人的音調」。同時，他也寫了延安的缺點。文中實錄了一位詩人的話：「今年春天。抗大的一個小隊裏競賽著內務的整齊。因爲被窩厚，不容易折成現直角的方形，有人發明了用牙齒把折痕咬成一條直線的方法。而且有人仿效。這把我氣著了，我給毛主席去一封信，我說，假如延安出了幾個用牙齒咬被窩的斯塔哈諾夫，不但是中國的笑話，而且是世界的笑話。很快地這種錯誤便被糾正了。」這，也許就是何其芳的「請你們容許我仍然保留批評的自由」的願望在他的報告中的具體體現吧。報告中蘊含著作者那詩人的激情的歌唱，同時也有著他的直率和坦誠的批評。

一九三八年十一月十九日，何其芳同沙汀和魯藝第一期部分學生，冒著大雪，從延安出發，隨賀龍去晉西北和冀中前線生活和工作。

他們先坐汽車到了米脂，然後換騎騾馬。走了五天，到了晉西北嵐縣。這是一二〇師司令部所在地。魯藝的學生分配了工作，何其芳和沙汀住在這司令部附近老百姓的房子裏，收集材料，準備寫作。

嵐縣這個小縣城比延安荒涼得多。街上空空的，那是嚴寒的冬天，一滴水落地就會馬上結冰。他們住的地方算是一間相當好的屋子，炕壁上還用油漆繪著封神榜的故事，外面是靜靜的院子，房東就住在右邊的廂房裏，是一個老先生，有時他也到這屋子裏坐坐。那時嵐縣附近的大鎮子普明被日本飛機轟炸了，嵐縣城裏也就有一種防空的空氣。這位房東對何其芳他們說：「發明一種可以捉拿飛機的東西就好了。」

嵐縣，還是一個比較安靜的前方的後方。

十二月的一天，又是一個大雪紛飛的日子。何其芳等又隨賀龍向河北進軍。這是一次長途行軍，他們通過了同蒲路，又通過了平漢路，到達了冀中平原，又恰逢敵人的大「掃蕩」，部隊不斷地戰鬥，不斷地夜行軍。司令部距離敵人的據點不過二三十里，炮聲如同雷鳴響在四周。一九三九年一月，他們宿營在高陽縣的惠北口。一天晚上，何其芳和沙汀被通知去冀中軍區政治部所在地李莊參加聯歡晚會，會間得到情報，敵人的大「掃蕩」迫近，晚會散後，何其芳勒馬趕回宿營地惠北口。剛到村口，馬突然亂跳亂蹦起來，何其芳被重重地拋在地上。回到住處脫開棉軍服用手一摸，才知道臂關節摔脫了臼。醫生用力把何其芳右臂的脫臼硬拉復了原，然後用繃帶綁起來，讓手臂彎著吊在頸子上。剛動完手術，就接到通知，準備出發。於是他就帶著傷被扶上馬，跟著司令部夜行軍了。到了肅寧縣邊寨村宿營下來。第二天黃昏，又開始行軍，何其芳隨部隊行走在平原上，經過村落，穿過樹林，有時還踏上結冰的小河，到了尹家莊，才休息下來。後來他回憶說：「我在冀中，跟賀老總打過一陣子游擊。在日以繼夜的長途行軍之後，我就想有那麼一杯牛奶。有一天早晨，我們部隊走進一個有許多大樹的村子。我們坐在一座廟門口，靠著牆休息。我又餓又累，很快就睡著了。我夢見，我面前就擺著那麼一杯牛奶，熱氣騰騰。正要喝時，坐在我身旁的一個同志把我碰醒了。」

經過二十多天不停地和敵人在冀中平原上的戰鬥，打圈子，終於打破了敵人的「掃蕩」，這已是初春三月了。在二月的行軍當中，何其芳感到老是在司令部作客不是辦法，就向賀龍要求工作，他被分配在師政治部的編委會裏，和魯藝文學系的幾個學生一起給部隊編教材，編油印報。工作很輕閒，所以有時仍到司令部去。

有一次，賀龍和何其芳等人談起加拿大醫生白求恩，說白求恩醫術高明，並且很緊張地工作，有時一晚上要鋸十幾個傷兵的腿。這些傷兵差不多都不願犧牲他們的肢體，有的哭著叫著，寧願死，也不讓施行手術。然而無奈，只有把壞死的腿鋸掉，才能救活他們。談到這種傷兵的慘狀，賀龍說：「你們文學家應該去看看給這些傷兵鋸腿的情形呵。」

類似于這樣的話，政委關向應也對何其芳等人說過：「戰爭，你們是應該去看看呵。戰爭是什麼，戰爭是明明知道那裏是死，然而卻要向那裏衝過去。」然而，這種戰爭環境對於像何其芳這樣的知識份子的考驗是太嚴峻了。與那些出生入死的抗戰軍人相比，他畢竟還顯得有點「脆弱」。五年以後他回憶：

> 我到了前方卻仍然只是徘徊在戰爭的邊緣上，沒有到火線上去看過。而且，頻繁的夜行軍，艱苦而又單調的戰爭生活，很快地就考驗出來了我的這點責任感有多大，有多

強。就是在這三月中間，魯藝文學系的同學就提出了回延安的要求。我同情他們，而且我和沙汀也打算不久就回延安。②

在這種情況下要求回延安，無疑是要被看作害怕艱苦、害怕犧牲的，然而當時的何其芳還不願意看得這樣尖銳，他要回延安的理由是：「寫作品要經過時間的沉澱，不能在前方寫。」「作文藝工作也有兩種方式，一種是一直在前方，準備將來寫長篇，一種是到前方來了又回到後方去寫。」③最後師政委決定：願意留在前方工作的他們歡迎；實在不願留的就送回延安。

何其芳在晉西北和冀中生活、工作了將近半年，接受了一次難忘的實際鬥爭的鍛煉和考驗，於一九三九年夏天返回延安，不久便擔任了魯藝文學系主任。

在魯藝，他除了擔任系行政工作，還兼教「創作實習」等課程。「創作實習」，沒有現成的教材，也不宜事先寫好講義，他總是根據學員臨時提出的問題和寫作中遇到的疑難，結合學員的習作情況，有的放矢地進行講析。他每次都是帶著似乎徹夜未眠的勞頓，匆忙地而又準時地到達露天課堂。

課堂上，學員也常隨時提出疑問，甚至直接提出反駁意見，他毫不介意。每當出現這樣的情況，他的慣用語是「是的，我也曾這樣反問過……」，或者說：「你聽我繼續講……」。

課外，他常常抱著學員的一大疊習作，從這個窯洞到那個窯洞，挨個兒找每一個習作者談他的修改意見。朱寨在一篇回憶錄中對此作過這樣的描述：「他從這個窯洞到那個窯洞，像工蜂從這個蜂房飛到那個蜂房。他找了這個同學又找那個，像園丁巡索在林圃中。腳步急促，又有節奏。」④

就在這同一篇文章中，朱寨還回憶說：「兩個平時要好的同學，因爲一句玩笑的話傷了感情，互相『記仇』，兩個不講話了。他和大家一起在燈影裏尋找這兩位同學，他們都不好意思的把頭低著。這當然引起了大家的批評和勸解。他卻嘴掛著微笑，在小本子上寫著什麼，彷彿寫道：『確實還是一些孩子。』」

何其芳對文學系的領導工作、教學任務，一絲不苟；對學員中的大事小事，事事關心。還要擠時間寫文章，作詩。無怪乎他在一九四〇年十二月六日所作的《叫喊》一詩中發出那樣的「叫喊」，並驕傲地聲言：「我是一個忙碌的，／一天開幾個會的，／熱心的事務工作者，／也同時是一個詩人。」

何其芳對魯藝的工作之所以如此熱心，作於一九四一年的《我把我當作一個兵士》這首詩似乎明白地表露著他的心跡：

我把我當作一個兵士，／我準備打一輩子的仗。／／當我因爲碰上了工作中的困難而煩惱，╲當我因爲疲乏而感到生活是平凡而且單調，╲我就想我是一個兵士，╲一個簡簡單單的兵士。╲╲我想我是在攻打著一座城堡，╲我想我是在黑夜裏放哨，╲我想我不應該有片刻的鬆懈，╲因爲在我的隊伍中一個兵士有一個兵士的重要。╲╲我把我當作一個兵士，╲我準備打一輩子的仗。

何其芳在魯迅藝術學院，工作上也曾有過「困難和煩惱」。據沙汀追憶：「儘管有時碰見麻煩事兒，他會一頭撞來，苦著臉呻喚道：『老楊呀，你看咋個做啊！』但這仍然掩蓋不了他的愉快情緒。」⑤因爲，何其芳儘管離開了抗日烽火的前沿回到延安，儘管工作繁雜而「疲乏」，「生活平凡而且單調」，但這工作如同在前方抗日的兵士，同樣在「攻打著一座城堡」；儘管不在同一個戰場，但「一個兵士有一個兵士的重要」。所以他覺得「我不應該有片刻的鬆懈」。他在《一個平常的故事》這篇散文中表白得更爲清晰：「我完全告別了我過去的那種不健康不快樂的思想，而且像一個小齒輪在一個巨大的機械裏和其他無數的齒輪一樣快活地規律地旋轉，旋轉著。我已經消失在它們裏面。」

一九四二年七月，何其芳與魯藝第三期學員牟決鳴結爲伉儷。牟決鳴原名牟菊明，一九三八年去延安，先在陝北公學學習，後考入魯迅藝術學院。結婚時，何其芳三十歲，牟決鳴二十五歲。一個星期六的晚上，婚禮在十分簡樸的窯洞裏舉行，同時舉行婚禮的還有周立波夫婦，魯藝各系的師生都來祝賀。兩對新婚夫婦身穿洗得發白的灰氣軍服，腰間紮著皮帶，熱情地向來賓致意。儀式之後，大家唱歌、跳舞，吃陝北的甜棗，沉浸在友誼和歡樂之中。這樣的婚禮，既不是舉行在教堂，又不是舉行在杯觥交錯的大酒店，在何其芳作於一九四〇年六月的《夜歌㈣》中，表白著作者關於戀愛、婚姻的觀念：

同志，請你允許我想起你，╱帶著男子的情感，╱也帶著同志愛。╱╱……我眞想把我采的一束花獻給你呢，╱你這個年輕的安靜的女同志，╱你這個從南京逃出來的女同志，╱你對我談得多麼親密！╱你說你曾經化裝成一個鄉下姑娘，╱不像，╱又化裝成一個男孩子，剪短了頭髮，╱也還是不像。╱然而你終於繞了一個大彎子，逃了出來，╱從上海，從香港。╱╱我們消失在延安╱像魚消失在大海。╱誰知道我們又會意外地碰見呢。╱而你，你是那樣歡喜，╱像碰見了親兄弟，╱你對我談說著許多瑣碎的事情。╱……我到前方去了。╱我有時竟想起了你，╱雖說我想起過的人是很少的。╱╱你也許奇怪╱我爲什麼想起了這樣多的瑣碎的事情。╱那麼╱難道我這是一篇情詩？╱我想不是。╱我想即使是，╱恐怕也很不同於那種資產階級社會裏的，╱無論是在它的興盛期或者衰落期。╱我沒有把愛情看得很神秘，╱也沒有帶一點兒頹廢的觀點。╱╱我從來就把愛情看作╱人與人間的情誼加上異性間的吸引。╱而現在，再加上同志愛。

說它是一篇情詩，似乎並不顯得牽強，因爲詩中的「我」和「你」那麼歡喜互相碰見，他們以對許多瑣事的談說，代替了喃喃情語，拉長著見面的時間，流露著對對方的愛慕、傾心；說它不是一篇情詩，似乎也不無道理，這並非是一對情人的「獨語」，而是代表著衆多的特別是在延安的男女青年的共同心聲。「情誼」，「加上異性間的吸引」，「再加上同志愛」，「而又互相傾心，就可以戀愛，結婚」，是這首詩的主題，也是何其芳與牟決鳴戀愛、結婚的精神黏合劑。

他們結婚一年多之後，牟決鳴生下了第一個孩子。依據延安「山多」的諧音，何其芳給孩子取了個乳名叫「三多」。

這孩子雖然名字叫「三多」，可是當時能夠給他提供的食物並不多：爲了照顧產婦，組織上給牟決鳴總共特批了三斤麵粉，考慮到牟決鳴無奶餵養小三多，又給孩子批了一斤牛奶。但牛奶要涉過延河去取，還沒等拿到窯洞，就已經結冰了。在這艱苦的環境下，還缺乏生存能力的小三多終於不幸夭折了。

在這五年前，何其芳就大聲疾呼「救救孩子」，可是他無力挽救小三多的生命。這似乎並沒有影響他的情緒，因爲他想挽救的是衆多的小三多。因而他一如既往地忘我地工作、創作。

四、《夜歌》

《夜歌》，是何其芳繼《預言》之後的第二個詩集，於一九四五年五月由詩文學社出版。其中所收錄的詩篇包括《成都，讓我把你搖醒》、《一個泥水匠的故事》、《夜歌㈠》、《夜歌㈡》、《夜歌㈢》、《夜歌㈣》、《我們的歷史在奔跑著》、《快樂的人們》、《夜歌㈤》、《叫喊》、《夜歌㈥》、《夜歌㈦》、《黎明》、《河》、《郿鄠戲》《我爲少男少女們歌唱》、《生活是多麼廣闊》、《雖說我們不能飛》、《我看見了一匹小小的驢子》、《從那邊走過來的人》、《我把我當作一個兵士》、《平靜的海埋藏著波浪》、《我想談說種種純潔的事情》、《這裏有一個短短的童話》、《多少次呵當我離開了我日常的生活》、《什麼東西能夠永存》，共計二十六篇，另附一篇《後記》。

這個詩集中的詩篇，是詩人在一九三八年至一九四三年間所作。除了《成都，讓我把你搖醒》作於成都以外，其餘基本上都是他在延安的作品。

何其芳在他的《〈夜歌〉初版後記》中說，他的第一個詩集即《預言》。那是一九三一年到一九三七年寫的。那個集子其實應該另外取個名字，叫做《雲》。因爲那些詩差不多都是飄在空中的東西，也因爲《雲》是那裏面的最後一篇。在那篇詩裏面，曾經自以爲是波德賴爾散文詩中那個說著「我愛雲，我愛那飄忽的雲」的遠方人。但後來由於看見了農村和都市的不平，看見了農民的沒有土地，他便下了這樣的決心：「從此我要嘰嘰喳喳發議論：／我情願有一個茅草的屋頂，／不愛雲，不愛月亮，／也不愛星星。」

何其芳說：「抗戰爆發了。我寫著雜文和報告。我差不多放棄了寫詩（《成都，讓我把你搖醒》是一個偶然的例外）。但後來，主要是一九四〇年，我又寫起詩來了。我寫得很容易，很快，往往是白天忙於一些旁的事情，而在晚上或清晨有所感觸，即揮筆寫成。這個集子中的大部分詩都是在這種情形下寫成的。」

如果他的第一個詩集《預言》顯示著他的創作從飄在「空中的雲」轉向地上的「茅草屋頂」，那麼，《夜歌》這個詩集中的大部分作品，顯示著他又從「茅草屋頂」轉到了「延安窯洞」以及抗戰前線。這是他的人生道路上的一次跨越，也是他的創作上的又一次轉變。

用他自己的話說，抗戰以前，他寫那些《雲》的時候，認爲文藝什麼也不爲，只爲了抒寫自己，抒寫自己的幻想、感覺、情感。後來由於現實的教訓，他覺得人不應該也不可能那樣盲目地，自私地活著，因而否定了那種爲個人而藝術的見解。抗戰以後，他也的確有過用文藝去服務民族解放戰爭的決心與嘗試。但由於有些根本問題在思想上尙未得解決，以至後來變相的爲個人而藝術的傾向又抬頭了。那是他在前方跑了一陣，打算專門寫報告的計畫失敗之後，他在創作上又碰到了苦悶。報告寫得自己不滿意，又回到魯藝教書，似乎沒有什麼可報告的了，在這種情形下才又考慮到寫詩。寫什麼？何其芳覺得自己的感情還相當舊，對於新的生活又不深知，寫詩也仍然有困難。但接著又退讓了一步，認爲寫自己這種新舊矛盾的感情也還是有意義的。這樣一來，就又回復到主要是抒寫個人的傾向了。正因如此，何其芳認爲：「這個集子的全名應該是《夜歌和白天的歌》，這除了表示有些晚上寫的，有些是白天寫的以外，還可以說明其中有一個舊我與一個新我在矛盾著，爭吵著，排擠著。」⑥

也許是因爲何其芳對自己這類詩作的意義深信不疑，所以曾經有過這樣一個小插曲：在魯藝，何其芳和周立波、嚴文井、曹葆華、舒群都是親密的鄰居和夥伴，他們同住在東山的一排窯洞裏。由於燈油不夠用，晚上經常聚在窯洞外聊天。有一次，何其芳與曹葆華爭論，將來誰的詩擁有更多的讀者。何其芳在爽朗的笑聲中就這樣自信地宣佈：「將來我的詩集擺在書店裏，你看！就是要比你的讀者多！」他笑得很天眞，講得又很認眞，把在座的人都逗樂了。曹葆華也沒有爲此而生氣，因爲他瞭解何其芳，並沒有認爲這是惡意，或者是爲了貶低他人，抬高自己，他只是認眞地講了自己的心裏話而已。

儘管何其芳自己認爲他從《雲》到《夜歌》似乎走過一段「之」字路，即寫《雲》那些作品時，只是抒寫自己的幻想、感覺和情感；抗戰以後有過用文藝去服務民族解放戰爭的嘗試；後來又回復到主要抒寫個人的傾向，使他覺得他的歌聲與這個世界不和諧。但這時的感情已不再是對以往抒寫個人幻想、感受、情感的簡單「回復」，再不是來自古人和外國人的作品，而是他的主觀心靈與現實生活激烈碰撞所產生的火花。

詩人自述：《一個泥水匠的故事》是這樣寫成的：一九三九年，有一位前方的將領到魯迅藝術學院作報告，他講了一個敵佔區農民英勇抗日的故事。沙汀建議他把它寫成詩。在寫作過程中，他盡可能地想像那些情節的景象，去體會其中人物的情感。當寫到那個泥水匠的妻子慘死以後，作者感到很難表現主人公的感情。那些婦女的自殺，主人公的被燒死以及其他場面，都是依靠苦思和想像去寫出來的。作者進而說明了這種創作現象：

> 這樣說來，是不是這首詩的寫成並不是在生活的基礎之上，而是單純依靠苦思和想像呢？也不然。如果那時候我沒有到過山西和河北的抗日民主根據地，沒有在八路軍裏面生活過幾個月，沒有接觸過一些北方的農民，那首詩是絕對寫不出來的。⑦

這一創作現象和他的理性認識，是符合文學創作的客觀規律的。

《〈夜歌〉一》也不是浮游在空中的玄想：有一次，那是一個美麗的五月之夜，他很久很久不能入睡，於是想到了許多事情，想到了《雅歌》中的「我的身體睡著，我的心卻醒著」，由此而想到了這樣一些詩句：

而且我的腦子是一個開著的窗子，╱而且我的思想，我的眾多的雲，╱向我紛亂地飄來，╱而且五月，╱白天有太好太好的陽光。╱晚上有太好太好的月亮……

第二天早晨，他把它寫到紙上，這就是《〈夜歌〉一》。詩人進一步解釋說，這裏面的許多雜亂的形象貫串起來和統一起來的東西到底是什麼，原來那是一種強烈的矛盾的思想情感。那些雜亂的形象本來是這種矛盾的思想感情的具體內容，所以它們就成爲這首詩的必要的有機的組成部分，而不是一些偶然的東西的拼湊和羅列。有比較強烈的感情的抒情詩，大概都是在一種激動的精神狀態之下形成的。像這種情況，似乎可以說並不是從生活裏取得題材，但詩人是這樣解釋的：「認眞地生活，熱情地生活，在一定的時候，生活就把可以寫的東西提供出來了，或者說有些東西就在你的腦子裏長成了，而且它們使你感到非寫不可。」

顯然，這是詩人夜不能寐，首先想到了許多事情，生活的厚積而勃發爲思想感情，這仍然是他的生活在詩中的曲折反映。

《夜歌》這個詩集，於一九五二年由人民文學出版社重印，何其芳根據自己最初的想法，將書名更改爲《夜歌和白天的歌》，這是《夜歌》第二版的增刪本。增加了《重慶街頭所見》、《新中國的夢想》、《我們最偉大的節日》等三首，刪去了《解釋自己》、《夜歌(六)》、《夜歌(七)》、《給T．L同志》、《給G．L同志》、《平靜的海埋藏著波浪》、

《我想談說種種純潔的事情》、《這裏有一個短短的童話》、《什麼東西能夠永存》等十首。

《夜歌和白天的歌》裏的詩，大多寫於一九三八和一九四二年之間。除了《一個泥水匠的故事》是敘事詩，其餘大都是抒情詩。方敬認爲，這個集子中的詩歌可以分爲三個類型：夜歌、短歌和壯歌，這是極有見地的：

這裏所說的「夜歌」，是詩人自我「洗心」的詩篇，是思想感情上的「新我」和「舊我」的矛盾在詩作中的顯現，是內心思想鬥爭的告白。例如，《〈夜歌〉三》中寫道：

> 旁的工人更會告訴我一些鬥爭的故事。／我要說：「同志們，我沒有參加過什麼鬥爭，／我很慚愧。」／／我要起來，一個人到河邊去。／我要去坐在石頭上，／聽水鳥叫得那樣快活，／想一會兒我自己。／我已經是一個成人。／我有著許多責任。／但我卻不像一個十九歲的少年／那樣需要溫情。／／我知道我這樣說／是可羞的，／但我又還不能把這種想法完全拋棄。

詩人自從由晉冀抗日前線回到魯藝教書，心中始終是矛盾的。因爲當他決定要從前線回魯藝時，他從部隊將領的臉上讀出了他們的「不樂意」；他爲自己沒有直接參加過前線抗日的戰鬥而慚愧。同時，在他看來，需要安靜和「溫情」儘管是可羞的，但他又不能把這種想法完全拋棄。何其芳的思想處於這「兩難」之中，而且又很難做到「兩全」。所以，這首詩的末尾寫道：

我要起來，╱但我什麼地方也不去。╱╱我要起來，點起我的燈，╱坐在我的桌子前，╱趕著做我今天未做完的工作╱或者計畫明天的工作，╱總之做我應該做的事。

他夜以繼日，挑燈夜作，趕做著自己應該做的工作。他以平凡而緊張的工作，稀釋著自己的愧疚之情。

他在《〈夜歌〉一》中唱道：「我是如此快活地愛好我自己，╱而又如此痛苦地想突破我自己，╱提高我自己！」這，可以說是他的這類「夜歌」的主旋律。

壯歌，是《夜歌和白天的歌》中的第二種類型。如《叫喊》、《革命——向舊世界進軍》、《讓我們的呼喊更尖銳一些》等。其中，《革命——向舊世界進軍》一首，似乎是作者自己最感滿意的作品之一。作者自述創作背景說：「記得是在有一個時期，聽了許多革命故事之後鬱鬱不能自已，因而寫出的。當時是一九四一年三月，歐洲的戰爭還是帝國主義戰爭性質的時候，所以我希望帝國主義國家從互相火拼中快些走向滅亡。」所以作者發出如此激烈的呼喊：

同志們，╱現在是什麼時候呵？╱戰爭與革命交錯的時代！╱歐羅巴，你資本主義的老巢，╱你現在打得很熱鬧！╱在帝國主義者的火拼裏╱革命的火焰將要燃燒起來，

／把強盜們燒掉！／／地球，你旋轉得更快些！／更快讓我看見每天早晨的太陽！／更快些讓我看見舊世界的死亡！

還有，《讓我們的呼喊更尖銳一些》，寫于蘇德戰爭爆發之後，也剛好是過第四個「七七」的時候。作者承認，由於自己很快地也厭棄了這種比較浮誇的寫法，在這篇以後停頓了大約半年，才又開始寫起《黎明》那些短歌來。

「短歌」，是《夜歌和白天的歌》中的第三類詩歌。作者自述：「一九三八年到一九四一年我寫的自由詩，比起抗日戰爭以前我寫的那些帶有形式主義的影響的詩，內容開展得多，語言也樸素了一些。但到了後來，感到那樣的寫法也有弱點，往往一寫就是幾十行以至一二百行，容易寫得鬆散，不精練。我有意識地想寫一點歌一樣的短詩。」

這類「歌一樣的短詩」，在一九四二年一月至三月間他寫了十多首，在《夜歌和白天的歌》中只收錄了十首。其中的第一首是《黎明》，作者回憶當時的創作情景說，那是一個清晨，他坐在窯洞的門口，望見山底下浮著白霧，空氣裏帶著露水似的微冷，黎明在變成白天，就像花朵在慢慢地開放。在這樣的早晨的靜寂中，山底下的工人們打石頭的聲音飄散在山谷裏，一聲一聲地聽得很眞。他知道他們是在爲了建築新的房屋而勞動。他也就坐在桌子前面開始寫他的無聲的「短歌」：

山谷中有霧。草上有露。／黎明開放著像花朵。／工人們打石頭的聲音／是如此打動了我的心，／我說，勞作最好的象徵是建築：／我們在地上看見了房屋，／我們可以搬進去居住。／／呵，你們打石頭的，砍樹的，築牆的，蓋屋頂的，／我的心和你們的心是如此密切地相通，／我們像是在爲著同一的建築出力氣的弟兄。／我無聲地寫出這個短歌獻給你們，／獻給所有一醒來就離開床，／一起來就開始勞作的人，／獻給我們的被號聲叫起來早操的兵士，／我們的被鐘聲叫起來自習的學生，／我們的被雞聲叫到地裏去的農夫。

據作者自述，寫完《黎明》，過了一些日子，在同樣的環境裏，他又寫了《我爲少男少女們歌唱》。作者回憶：「我感到早晨，希望，未來，正在生長的東西，少年男女，這些都是有著共同點的，都是吸引我們去熱愛的。當我的心完全傾向於他們和她們的時候，當我爲他們和她們歌唱而感到巨大幸福的時候，「輕輕地從我琴弦上，／失掉了成年的憂傷，／我重新變得年輕了，／我的血流得很快，／對於生活我又充滿了夢想，／充滿了渴望。」

緊接著，他又寫了《生活是多麼廣闊》。不但是在同樣的早晨，在時間上緊接著，而且在內容和情緒上也和前一首緊密連續：

生活是多麼廣闊，／生活是海洋。／凡是有生活的地方就有快樂和寶藏。／／去參加歌詠隊，去演戲，／去建設鐵路，去作飛行師，／去坐在實驗室裏，去寫詩，／去高山上滑雪，去駕一隻船顛簸在波濤上，／去北極探險，去熱帶搜集植物，／去帶一個帳篷在星光下露宿。／去過尋常的日子，／去在平凡的事物中睜大你的眼睛，／去以自己的火點燃旁人的火，／去以心發現心。／／生活是多麼廣闊。／生活又多麼芬芳。／凡是有生活的地方就有快樂和寶藏。

這一組短歌，是他要獻給少年和年輕人的歌，是「歌頌生活的詩」。作者懷著對未來美好生活的憧憬和渴望，以清新的意境，優美的情調，輕快的節奏，「以心發現心」，頗得少男少女們的喜愛，其中有些短歌曾被選入中學語文課本。

值得一提的是，這組短歌曾經使年輕人激動，並從中受到激勵；但另一方面，也曾有人提出過種種疑問。比如，有人說：「當然，凡是有生活的地方肯定說是有寶藏。可是說凡是有生活的地方就有快樂，眞使我有些不明白。難道在美帝國主義直接統治下的人民不是非常痛苦嗎？」提出這種「疑問」，不是出於無知，就是別有用意。爲此，何其芳在《關於〈生活是多麼廣闊〉》一文中作過簡明扼要的闡述：「我們不應該要求詩歌寫得和科學的文章一樣。常常被引用來說明文學藝術容許誇張的例子有李白的一句詩：『燕山雪花大如席』。就是在最寒冷的地方，誰曾看見過這樣大的雪花呢？李白又有這樣一句詩：『蜀道之難難於上青天』。就是最艱險的道路，難道眞比上天還難嗎？這樣的詩句的作用在於加強讀者的印象，加強藝術的效果，在於強烈地表達詩人的情緒和感覺，是不可以當作科學的文字看待的。……如果我們要求詩歌寫得像自然科學和社會科學的論文一樣，不是把它當作文學藝術作品來欣賞，不是根據它的總的傾向和主要的感動人之處來評判它，不是把它常有的誇張的語言看作一種表現詩的激情的方式，而是呆板地根據自然科學和社會科學來一句一句地挑剔它，要求它寫得像科學的著作一樣精確和周密，我看結果是非達到乾脆取消詩歌的存在不可的。」⑧

不過，作者後來也承認：「那些短歌，若只就內容而論，有許多篇都是一種倒退。幻想的，個人的，脫離現實的成分更多了。」⑨

既然「短歌」的內容是「幻想的」、「個人的」、「脫離現實的成分更多」，於是詩人又竭力將自己的眼光投向了實際的、公衆的、現實的北中國，寫下了一組《北中國在燃燒》。在一九五〇年由文化出版社出版的《夜歌》第二版中增錄了兩個斷片。作者原計劃寫成一篇長詩，想把他在一九三八年從四川到陝西、山西、河北所看到的、感到的寫出來，其中貫串以一個知識份子的思想情感的矛盾與變化。「《斷片一》寫於一九四〇年春天，剛從前方回來不久，只是計畫把一些印象記錄下來而已。後來忙於別的事情，沒有時間寫，就停止了。

一九四二年春天，我又來重新寫它，而且計畫擴大了，打算從舊社會寫起，寫一個知識份子到延安，上前方，寫他的思想情感的矛盾和變化。風格也不同了一些。這就是《斷片二》。後來又因爲忙於別的事情，沒有時間寫，又停止了。而且因此起了懷疑，不想寫它了。沒有能把這篇長詩寫完」。

讀這些詩篇，我們可以清晰地看到詩人的身影，看到詩人近三十年的人生足跡，這些斷片簡直就是詩化了的作者的自傳。它與那些帶有暢想性的短歌相比，就更貼近實際生活了。

由此看來，何其芳在延安所寫的詩，在內容上，似乎又走了一段「之」字形的路。

對於《夜歌和白天的歌》，作者曾作過自我「檢討」：「《夜歌和白天的歌》中的許多詩，在語言上也是有缺點的。我儘量要寫得符合口頭語言，而又採用了自由詩體，這樣就使許多部分寫得不夠精練，有些散文化。有些句子太長，或者句法過於複雜，這也是一個缺點。我當學生的時候沒有學過漢語語法，有很長的一個時期，我不大了然漢語的句法的一些特點，常常以外國語的語法的某些觀念來講求漢語的句法的完整和變化。這樣就產生了語言上有些不適當的歐化」⑩

這段告白，既不乏謙抑的成分，又誠懇地道出了實情。

有人曾批評何其芳的這種詩歌形式，說何其芳在《夜歌》中把詩和散文混同了起來，雖然分了行，分了節，採用了詩的形式，但是總使人感到缺少詩的「藝術」。批評以《夜歌㈠》爲例，說何其芳特別喜歡用「而且」一詞：「而且我的腦子是一個開著的窗子／而且我的思想／而且五月／而且和他們一起哭泣／而且我不能像你呵／而且我要談論戰爭／而且你趕快滾出去吧／而且我呵／而且從死亡裏／而且我要談論列寧／而且我看見他了／而且我彷彿收到了他寫的那封信／而且我彷彿聽見了。」

批評者進而分析說：「一首七十九行的詩居然用了十三個『而且』；何其芳成了不折不扣的『而且詩人』了。」批評者把七十九行的詩中用「而且」起頭的句子剪輯在一起，就使這個問題顯得突出了，話語又非常尖刻，但這確實能夠證明何其芳的《夜歌》在藝術形式上有所忽視的事實。

但是，這恐怕只能看作是何其芳探索新詩形式的一次實驗，一種嘗試。

因爲，早在上海讀書期間，何其芳就學過「新月派」詩歌。雖然他後來並不完全同意聞一多「戴著腳鐐跳舞」的說法，雖然不像他後來主張的「新詩格律」那麼嚴整，但他早期的詩歌卻是講究「節的勻稱」、「句的勻稱」，每行的音節長度適度，講究音樂性和節奏的變化，他追求著新詩的音樂美和形式美。

如果客觀地從總體上來看，與《預言》相比，《夜歌》已從絢麗走向樸素，從雕琢變爲自然，口語的節奏增多，歐化的倒裝句式有所減少，儘量押韻，追求節奏。但確有一些篇章，多少存在著散文化的傾向。正因爲如此，作者對自己的這些詩的形式又有所懷疑，擔心它無法到達廣大的讀者中去。可見，作者在不斷探索著新詩的形式。在一九五一年的《〈夜歌和白天的歌〉重印題記》中，他作了這樣一個結論：「一切問題的解決都需要時間，直到近來，我才對新詩的形式問題有了一個初步的確定看法。我覺得首要的事情還是我們需要廣泛地深入地生活，從工農兵群衆那裏去取得原料；形式的問題雖然也應該認眞探討和實驗，但並不是很難解決的。像這個集子裏面的寫法，句子太長，運用歐化的句子過多，都是缺點。但以口語的節奏來作新詩的節奏的基礎這一點，恐怕還是應該肯定的。寫得句子更短一些，更精煉一些，節奏更鮮明一些，更有規律一些，同時仍然保持口語的自然，我想這就是比較可以行得通的寫法。」

何其芳在一次談到惠特曼、泰戈爾、羅曼．羅蘭的作品時曾說：「偉大人物都是按照他的歷史條件盡了最大的努力而又自知其不足之處的人，都是在某些方面超過他的前人而又希望他的後來者超越過他的人。」確實，何其芳創作《夜歌和白天的歌》，按照他的歷史條件盡了他最大的努力，他又自知而且坦誠地指出了不足之處，他自然希望他的後來者能夠超越他自己。這也許未必可以稱之爲「偉大」，但起碼也是值得他的後來者敬重的。

五、《星火集續編》

這是何其芳繼《還鄉雜記》之後的又一部散文集。在此之前，曾編過一本《星火集》，於一九四五年由群益出版社出版。其中收錄了《論工作》、《論本位文化》、《論救救孩子》、《論周作人事件》、《關於周作人事件的一封信》、《坐人力車有感》、《論家族主義》、《某縣見聞》、《川陝路上雜記》、《一個太原的小學生》、《日本人的悲劇》、《在大青山》、《老百姓和軍隊》、《一個平常的故事》、《論快樂》、《論「土地之鹽」》、《高爾基紀念》、《饑餓》、《雜記數則》、《兩種不同的道路》、《關於藝術群衆化問題》、《談寫詩》等二十二篇散文和一篇《後記》。這些作品創作於一九三八年至一九四四年之間。作者在《〈星火集〉後記一》中說：「集名星火，並無旁的意思，不過是生命中飛濺出來的一點火花之簡略說法而已。」作者深感在這長長的七年多時間裏，個人的貢獻微小，寫作成績欠佳。「從積極方面來說，慰情聊勝無，就名之曰星火。若從另一方面來著眼，對過去的思想感情加以嚴格的考察，則更適當的書名應該是《知非集》。也眞曾經想到過這個名字。」

其實，作者在這段時間裏所寫的散文遠遠不止這二十餘篇。由作者的這段自述，不僅可以使讀者能夠明瞭這個集名的由來和含義，同時又可從中見出作者篩選自己作品的苛嚴的態度和對讀者負責的精神。

《星火集續編》，是作者于一九四九年編定的散文集。其中包括《「自由太多」屋叢話》、《傻女婿的故事》、《過年有感》、《異想天開錄》、《南行紀事》、《重慶隨筆》、《理性與歷史》、《金錢世界》、《中國人的價格》、《關於實事求是》、《論投降》、《從關羽到農民》、《答亞秋先生》、《引子》、《差別》、《錦繡江山與黃土》、《人民大翻身了》、《馮雲鵬》、《尋牛尋馬》、《吃了老百姓的瓜》、《吃春酒》、《趙步喜》、《在陳萬福家裏》、《一個笑話》、《延安的小孩子》、《記王震將軍》、《記賀龍將軍》、《記續范亭將軍》、《朱總司令的話》、《韓同志和監獄》、《穀老》、《一個通信班長》、《人情》、《憶若飛同志》、《記冼星海同志》、《悼聞一多先生》、《鞭箠》、《陶行知先生的教育學說》、《談讀書》、《談苦悶》、《談朋友》等四十一篇散文和一篇《後記》。

一九四四年四月至一九四五年一月和一九四五年九月至一九四七年三月，何其芳曾兩次去重慶工作。他在《〈星火集〉後記一》中說：「這兩次在重慶的時候，曾爲了《新華日報》副刊和其他雜誌副刊的需要，寫了一些雜文。現在編起來，就叫它《星火集續編》。」這個集子中的作品與《星火集》中的作品在時間上又緊密承接。所以就成了名副其實的「續編」，只是大部分作品的寫作地點不同而已。

何其芳第一次去重慶，是隨中共代表團去的。當時代表團的組織機構有軍事組、外事組、青年組、文教組等，他與劉白羽、傅鍾等屬文教組成員，並擔任該組宣傳部副部長，又具體分管《新華日報》副刊等工作；第二次去重慶是爲了做文藝界的統一戰線工作，並接替邵荃麟編輯《聯合特刊》（即《中原》、《文哨》、《文藝雜誌》、《希望》四個刊物的綜合版）。

一九四六年五月，編完《聯合特刊》的最後一期，何其芳就主張創辦一個新的文藝刊物，除了主要發表文學作品之外，還要刊登一些指導青年讀書、生活的文章，幫助廣大青年樹立正確的人生觀、世界觀。這也是他之所以要寫《談讀書》、《談苦悶》、《談朋友》這類文章的起因。後來他與艾蕪、沈起予、力揚等人商定，沿用魯迅當年曾用過的「萌芽」作爲刊名，以艾蕪的名義主編，由何其芳、沈起予、聶紺弩、孟超、力揚、邵子南組成編委會，實際編務由何其芳承擔。

何其芳在重慶從事的文學活動，非常重視培養和扶持青年作者，助長正氣，引導青年樹立正確的人生觀。

一次，從來稿中發現一個十七歲的高中學生寫了一篇反映四川農村凋敝景象的散文，便極力稱讚文章寫得漂亮，並在文章發表後約作者到編輯部面談。在何其芳的鼓勵和指導下，這個青年逐步走上了文學創作的道路。

一位曾在重慶當過報紙副刊編輯的青年，寫了一篇反映草原生活的散文稿，何其芳看後，在作者的原稿上詳細地批註了意見，並到作者的住地與他長談了一次。

當時，翻譯作品《簡愛》在女青年中特別流行，何其芳就請聶紺弩寫評論《簡愛》的文章，幫助讀者正確理解這部名著。

何其芳在《南行紀事》中寫道：一九四四年四月，他路過西安時，「悶住七賢莊，一天就是翻西安的舊報紙，那眞是從正版看到副刊，從副刊看到廣告。那時《北極風情畫》正在西安一家報紙上連載完了。作者還寫了一篇後記之類的東西，其中有雲，讀者看他這本書，不過等於逛一次窯子，等等。讀之亦覺可哀。」這些荒誕、色情小說在社會上廣爲流傳，影響極壞。針對這種情況，何其芳就請邵子南寫了一篇批判文章，以何家寧這一筆名在《萌芽》上發表。

正如他在一九四〇年所作的《叫喊》中所「叫喊」的那樣，他是一個忙碌的人，是一個「熱心的事務工作者」。即便如此，他在重慶仍堅持筆耕，寫出了《星火集續編》中已經收錄和未被收錄的大量作品。

如果不避以偏概全的嫌疑，似乎可以把何其芳在這一時期的散文粗略地分爲傳寫人物、紀錄見聞和闡釋事理這三大類。從文學的角度看，前兩類勝於第三類；而從思想的深邃程度看，第三類又比前兩類略勝一籌。

在這本散文集中，人物傳記佔有相當的比重，也是文學性較強的一類作品。這類作品，除了具有一般傳記的共性之外，還有一個鮮明而又突出的特點，那就是在反映傳主的同時，往往穿插著審視自我。例如《記冼星海同志》中寫道：

他是一個比較木訥的人，不善於吹談，也不大找人吹談。他不是一個人曲身坐在窯洞裏揮筆作曲，就是和同學們在一起忙什麼。他那時是音樂系主任。這是他那一方面。在我，則那時我們文學系的幾個比較接近的教員有一種不好的作風，喜歡我們自己在一起高談闊論，旁若無人。現在想來，其實我們並沒有什麼可以自負的地方。我們無形中自以爲我們從事文學的人思想性強一些，而高談闊論正是我們思想性強的表現。事實證明了這種自負的悲慘：文學系的教育我們沒有辦好，我們自己也沒有寫出怎樣有價值的作品來。

冼星海同志卻是一個埋頭用功的人。新的歌子，合唱不斷地產生。

作者一面敘述冼星海的不尙空談、「埋頭用功」、成果斐然；一面又檢討「我們」的「高談闊論」、「自負」而「沒有什麼成就」的弱點。

在《記王震將軍》中，先寫王震自述他對魯藝教育改革的意見：「他正在研究部隊裏的文化教育，感到過去的教材有教條主義，總是從大道理講起，士兵們興趣不高；他想，假若寫部隊自己的生活來作教材，那就好了；因此，魯藝的同學們與其到自己的農場去參加農業生產，不如到他們部隊裏去一起開荒，一起種莊稼，既可以同樣完成生產任務，又可以體驗士兵們的生活，寫出許多作品來發表，而短小的就選來作他們的教材。」接著寫道：

我是帶著興奮的情緒贊同了他這個意見的。我想，王震將軍是三五九旅的旅長，又是延安的衛戍司令，部隊裏從生產一直到文化教育他都親自動手研究。無疑地他是很忙的。然而他還想到了魯藝同學們的生產問題，創作問題，並且想出了這樣一個富於創造性的主意。而我們專門在魯藝作教育工作的卻沒有想到。

類似於這樣的寫法，不僅存在於上述這兩個作品，而且普遍地存在于《記賀龍將軍》、《憶若飛同志》等其他人物傳記之中。何其芳的傳記作品，常常使自我的弱點和傳主的優長構成鮮明的反差，營造出「高山仰止」的情緒境界，在嚴於解剖自己的同時，有力地反襯了傳主的形象。

紀錄見聞，是《星火集續編》中的又一類作品。如《南行紀事》、《重慶隨筆》、《差別》、《尋牛尋馬》、《延安的小孩子》、《人情》等。這類作品，或實錄眼前景象，或講述生動的故事，或記敘親身經歷，多用對比的手法，反映延安與異地的「差別」，傾注著作者對延安的禮贊之情。文章多半寫得短小、精悍，讀來耐人尋味。但與此同時，我們似乎也不難看出這類作品的另一個側面。例如《延安的小孩子》：

延安的小孩子的確是很有趣味的。

我的鄰居有一個男孩子叫裏賓，大約六七歲大，平常頑皮得很。有一次午飯，因公家的菜不太好，我自己加炒了一碗雞蛋。正在窯洞門口吃著的時候，裏賓跑來了，他指著我大聲說：

「何其芳羞不羞呵，跟老百姓一樣吃得好！」

過了幾天，他媽媽給他蒸肉包子吃。他一邊拿著包子吃，一邊跑到我窯洞裏來玩。我就用他的話來逗他一下：

「裏賓羞不羞呵，跟老百姓一樣吃得好！」

他卻滿不在乎地回答我：

「我是小孩子嘛！」

在他小小的腦袋裏有著何等明確的思想呵！我們應該比老百姓吃得壞些，而小孩子卻又應該比大人吃得好些。從小孩子的思想，也反映出來了延安的話的現實。

這個故事，具有比較濃郁的生活情趣，作者似乎想表現這樣一個主題：即延安的幹部「應該比老百姓吃得壞些」的思想已婦孺皆知。但一個「六七歲大」、「平常頑皮得很」的孩子，在他「小小的腦袋裏」就有如此「明確的思想」，這似乎使主題表現得過於急切了一些。

《星火集續編》中的第三類作品則是闡釋事理的文章。如《「自由太多」屋叢話》、《關於實事求是》、《談讀書》、《談苦悶》、《談朋友》等。初看上去，這些短論並無多少新奇之處，但細讀起來，卻可見出作者的深刻見解和智慧的光芒。例如《談讀書》一文，作者主張「應該批判地讀書，應該養成批判的態度與批判能力。」對於許多書籍，應當以什麼標準來判斷其優劣？作者認爲：「事實的考驗是最客觀的，也最無情的，哥白尼的『天體運行論』在當時看來，還不過是一種假設罷了，然而它經得住事實的考驗。後來的望遠鏡的發明證明了它。後來的天文學家的繼續研究也證實了它。」在此基礎上，他提出了一個重要的論斷：「客觀實踐是眞理的最後標準」。現在讀來，會使人自然地聯想到二十多年前關於「眞理標準」的大討論，提出了在思想領域具有劃時代意義的命題：「實踐是檢驗眞理的唯一標準」。這兩者相隔半個世紀。儘管有著不同的時代背景和現實的針對性，具體表述也略有差異，但精神實質是一致的，這就使人不得不承認何其芳理論上的「早慧」。

除了收錄在《星火集續編》中的這些雜文、短論之外，何其芳在重慶期間，還寫了《關於藝術的群衆化問題》、《關於現實主義》、《略論大後方文藝與人民結合問題》、《關於「客觀主義」的通信》、《文藝的墮落》、《談寫作》、《報告文學縱橫談》等論文和《評〈萬世師表〉》、《〈清明前後〉的現實意義》、《評〈天國春秋〉》、《評〈歲寒圖〉》、《評〈芳草天涯〉》、《關於〈家〉》等作品評論文章。這些文章始終貫穿著作者的一個基本宗旨，借用他在《評〈芳草天涯〉》一文中的話來說，這個宗旨就是：「無論寫大問題或寫小問題吧，我們的觀點應該求其合乎嚴正的科學理論。」至於這個「嚴正的科學理論」是什麼，正是作者在這些論文和評論中所著重致力探討的問題。

何其芳在一九五六年九月所作的《〈散文選集〉序》中寫道：「當我讀完了過去寫的那些小冊子，雖然也選出了這樣一本，我的心境卻實在不能用別的字眼來說明，只有叫作難過。這還不僅由於可選的文章太少。……更使我抑鬱的還是我發現了這樣一個事實：當我的生活或我的思想發生了大的變化，而且是一種向前邁進的變化的時候，我寫的所謂散文或雜文卻好像在藝術上並沒有什麼進步，而且有時甚至還有些退步的樣子。所以抗日戰爭中寫的那些文章，我只選了四篇；整風運動後寫的那些雜文，我只選了五篇。這倒主要不是因為《星火集》和《星火集續編》還在印行，不應多選，而是就文章而論，我覺得實在再也選不出來了。」

這樣的自我評價，也不乏謙抑之詞。但如果說他在這一時期所寫的散文「在藝術上並沒有什麼進步的話」，原因也是多方面的，其中一個主要的原因恐怕就在於：在這些論文和作品評論文章的寫作過程中，何其芳的思維方式自然以抽象思維爲主，而作爲詩人的形象思維方式似乎逐漸「退居二線」，他的詩歌和藝術性散文創作在很大程度上已經開始讓位於理性的文藝理論研究，完成了他從詩人、散文家向評論家的轉型。就在這篇序文裏，何其芳作了自我分析：「一個平凡的人，當他的生活或他的思想發生了大的變化的時候，他所寫的東西的內容和形式往往不是很熟悉的，就自然會反而顯得幼稚和粗糙。這就是說，他還需要成長和學習的時間。在那些時候，由於否定了過去的風格而新的風格還沒有形成，由於否定了過去的藝術見解而新的藝術見解又還比較簡單，只是強調爲當前的需要服務，只是強調內容正確和寫得樸素，容易理解，而且由於沒有從容寫作的時間，常常寫得太快，太容易，這也是一些原因。」這一分析是坦誠的，中肯的，也是符合他在重慶時期的寫作實際的。

【注　釋】

①何其芳：《〈星火集〉後記一》。

②③何其芳：《記賀龍將軍》。

④朱寨：《急促的腳步》。
⑤沙汀：《追憶其芳》。
⑥⑦何其芳：《〈夜歌〉初版後記》。
⑧⑨何其芳：《〈夜歌〉後記二》。
⑩何其芳：《寫詩的經過》。

第五章　沉甸甸的《回答》

一、「饑餓的人貪求食物」

何其芳在一九五六年所寫的《寫詩的經過》中說：「參加革命以前，除了最初的胡亂塗抹的那三年不算而外，我經常有寫詩衝動的時候實際不過幾個月。參加革命以後，我創作欲比較旺盛的時候也不過是一九四〇年那一年和一九四二年春天。其餘的時間我不是寫得極少，就是完全沒有寫。」

的確，從一九四二年三月寫了《多少次呵我離開了我日常的生活》之後，一直到一九五四年三月，這漫長的十二年間，他僅僅發表過《笑話》（收入《夜歌和白天的歌》時改題爲《重慶街頭所見》）、《新中國的夢想》和《我們最偉大的節日》這三首詩。可是，廣大的詩歌愛好者，特別是敬仰詩人何其芳的「追星族」，他們再也按捺不住了，信件像雪片似地飛向北京，飛到何其芳的手中，他們希望能夠聽到何其芳的新的歌聲。何其芳在《寫詩的經過》

中曾對當時那種動人的情景作過這樣的描述：

> 有一些好心的同志寫信來督促我，責備我，鼓勵我寫詩。而且有時候這種督促、責備和鼓勵是表達得這樣動人：「請求你多爲我們寫詩，寫關於科學進軍的，或者是關於友誼的……我們愛詩，愛一切美好的詩的語言。我們愛它的剛強，愛它的溫柔，愛它的激烈，愛它的誠摯，愛它的懇切……請爲我們寫一點什麼吧！我們等著。」「我們的詩是多麼少呀！可是，我們需要詩，就好像饑餓的人貪求食物一樣。我們不能老讀外國的詩呀！我們自己的生活是多麼美好，爲什麼會沒有我們自己的詩呢？請回答我，爲什麼沒有？爲什麼會沒有呢？」

讀者的熱情和懇求深深地感動了何其芳。他說：「收到這樣的信，一個人就是在心裏已經結了冰，也會被這些熱情的語言所溶化。然而卻不能用作品來回答。這種對於同時代的人所負的債，是比對於前人所負的債更加沉重的。」

何其芳爲了不辜負讀者的期望，他要給廣大讀者作出答覆。經過兩年多時間的醞釀、思考，直到一九五四年勞動節前夕才陸續寫完了一篇長達七十二行的詩歌，題目叫《回答》：

> 一
>
> 從什麼地方吹來的奇異的風，／吹得我的帆船不停地顫動：／我的心就是這樣被鼓

動著，╲它感到甜蜜，又有一些驚恐。╲輕一點吹呵，讓我在我的河流裏╲勇敢地航行，借著你的幫助，╲不要猛烈得把我的桅杆吹斷，╲吹得我在波濤中迷失了道路。

二

有一個字火一樣灼熱，╲我讓它在我的唇邊變爲沈默。╲有一種感情海水一樣深，╲但它又那樣狹窄，那樣苛刻。╲如果我的杯子裏不是滿滿地╲盛著純粹的酒，我怎麼能夠╲用它的名字來獻給你呵，╲我怎麼能夠把一滴說爲一斗？

三

不，不要期待著酒一樣的沉醉，╲我的感情只能是另一種類。╲它像天空一樣柔和，廣闊，╲沒有忌妒，也沒有痛苦的眼淚。╲唯有共同的美夢，共同的勞動才能把人們親密地聯合在一起，╲創造出的幸福不只是屬於個人，╲而是屬於巨大的勞動者全體。

四

一個人勞動的時間並沒有多少，╲鬢間的白髮警告著我四十歲的來到。╲我身邊落下了樹葉一樣多的日子，╲爲什麼我結出的果實這樣稀少？╲難道我是一棵不結果實的樹？╲難道生長在祖國的肥沃的土地上，╲我不也是除了風霜的吹打，╲還接受過許多雨露，許多陽光？

五

你願我永遠留在人間，不要讓╱灰暗的老年和死神降臨到我身上。╱你說你癡心地傾聽著我的歌聲，╱徹夜失眠，又從它得到力量。╱人怎樣能夠超出自然的限制？╱我又用什麼來回答你的愛好，╱你的鼓勵？呵，人是平凡的，╱但人又可以升得很高很高！

六

我偉大的祖國，偉大的毛澤東時代，╱多少英雄花一樣在春天盛開；╱應該有不朽的詩篇來謳歌他們，╱使他們的名字流傳到千年萬載。╱我們現在的歌聲卻多麼微茫！╱哪裏有古代傳說中那樣的歌者，╱唱完以後，她的歌聲的餘音╱還在梁間繚繞，三日不絕？

七

呵，在我祖國的北方原野上，我愛那些藏在樹林裏的小村莊，╱收穫季節的手車的輪子的轉動聲，╱農民家裏的風箱的低聲歌唱！╱我也愛和樹林一樣密的工廠，╱紅色的鋼鐵像水一樣奔進，╱從那震耳欲聾的馬達的轟鳴裏╱我聽見了我祖國的前進！

八

我祖國的疆域是多麼廣大：╱北京飛著雪，廣州還開著紅花。╱我願意走遍全國，不管我的頭╱將要枕著哪一塊土地睡下。╱「那麼你爲什麼這樣沈默？╱難道爲了我們年輕的共和國，╱你不應該像鳥一樣飛翔，歌唱，╱一直到完全唱出你胸脯裏的血？」

九

我的翅膀是這樣沉重，╱像是塵土，又像有什麼悲慟，╱壓得我只能在地上行走，╱我也要努力飛翔上天空，╱你閃著柔和的光輝的眼睛╱望著我，說著無盡的話，╱又像殷切地從我期待著什麼——╱請接受吧，這就是我的回答。

何其芳終於對熱心的讀者作出了回答。在這裏，之所以要不惜篇幅照錄全詩，不僅是爲了說明問題的方便，而且更重要的是：這一「回答」是嚴肅的，認眞的，又使人感到沉甸甸的。

二、《回答》的遭遇

也許是何其芳未曾預料，《回答》發表不久就遭到一些人的非難。其中，有一篇批評文章①是比較有代表性的。文章雖然不長，但幾乎逐節地對《回答》作了徹底的否定。批評者說：

「第一節，讀了就使人莫名其妙」。他質問詩人：「使詩人的心『感到甜蜜，又有一些驚恐』的風是什麼？」

「第二節詩又啞謎似的寫一個什麼『火一樣灼熱』的『字』，什麼『海水一樣深』卻『又那樣狹窄，那樣苛刻』的『感情』。而且，如果詩人的『杯子裏』已是『滿滿地盛著純粹的酒』的話，他還要用什麼『它的名字』來獻給誰哩！『純粹的酒』是什麼？『它』又是什麼？準備獻給『它的名字』的那個人又是誰？讀者簡直被詩人扔入五里霧中了。」

「讀到第四節，我從迷惘變得驚奇了」。批評者「發現」了詩人之所以「感慨繫之」，原來是因爲「詩人感到辛酸了，大有『不堪回首』之慨。」

第五節又「使我吃驚」。爲什麼？因爲詩中寫道：「我們現在的歌聲卻多麼微茫！╱哪裏有古代傳說中那樣的歌者，╱唱完之後，她的歌聲的餘音，╱還在梁間繚繞，三日不絕？」顯然，使批評者再次感到吃驚的是，何其芳居然「說我們現在的歌聲『微茫』得及不上古代歌者的歌聲」。

從第七、八兩節詩中，批評者也「知道詩人是熱愛我們的祖國，並且『願意走遍全國』，渴望歌頌偉大祖國的。」可是，從第九節中，批評者又發現「詩人更陰鬱了」，並「漸漸清楚了：原來詩人在回答他的崇拜者，說明他所以『這樣沈默』、不能『像鳥一樣飛翔，歌唱』，是因爲有『像是塵土，又像有什麼悲慟』的東西『沉重』地『壓』著他的『翅膀』，使他『只能在地上行走』。」接著，便質問詩人：「這難道是我們需要的『回答』麼？」

從批評者的行文看出，第七、八兩節詩似乎作了肯定性評價，但這評價旨在指出它與第九節的「陰鬱」自相矛盾，「令人難以相信」，所以從根本上說也是被否定的。只有第三節倖免被指斥，也許是從「創造出的幸福不只是屬於個人，而是屬於巨大的勞動者全體」這個「雞蛋」中實在挑不出什麼骨頭吧。

顯然，這樣的批評是武斷的，起碼說對原詩的理解是比較隔膜的。譬如，正像章子仲在《何其芳散論》中所說：《回答》中的第一、二「兩節詩的意思直說起來，無非是說，青年讀者的殷切督促，使我深深感動。我願借助這力量前進，但請不要強烈得我承受不住，致使我暈頭轉向。『愛』是很奇妙的，我已經沒有權利再吐露這個字。我不能獻給你滿滿的純粹的酒，我寧願沉默不願浮誇。」然而卻遭到批評者如此的責難。這裏，我們似乎也可以仿照批評文章中的句式反問一句：這難道是我們需要的「批評」麼？

還必須指出的是，批評者除了對原詩作了不著邊際的非難之外，批評者對詩人的態度更是咄咄逼人。他居高臨下地教訓詩人：「別被崇拜你的人迷惑了。詩人應該更多地去聽聽批評和不滿。只有謙虛，才能使平凡的詩人，『升得很高很高』——寫出動人的詩篇、不朽的詩篇來。」「更別被個人的小小得失而壓傷了詩的翅膀。只有熱愛黨分配給他的每一件巨細的工作的人，才眞正熱愛我們的生活，才能有與勞動人民一致的、飽滿而高深的共產主義感情，才能孕育出動人的偉大的詩篇來。」這是有失批評者的風度的。

這樣的批評，可以從反面證明魯迅《「題未定」草》中的名言：「我總以爲倘要論文，最好是顧及全篇，並且顧及作者全人，以及他所處的社會狀態，這才較爲確鑿。要不然，是很容易近乎說夢的。」

何其芳在詩壇沈默了十二年，原因也是非常複雜的。這些原因，也不是《回答》這篇詩所能夠完全回答得了的。但是，由此出發，簡直可以鉤沉出何其芳十餘年創作道路上的種種遭際和他的心路歷程。

三、關於「寫熟悉的題材」

何其芳自述：他是「帶著一腦子原有的思想與個人的願望」於一九三八年去延安的，「當時打算專心寫報告」。但到前方去了以後，潛伏著的問題就暴露出來了：開頭他熱心地去搜集材料，去進行訪問。但把這樣得來的材料寫成了文章自己也不滿意的時候，對於寫報告就有些動搖了。後來也想到這是由於坐在師部「作客」之故，就從師部搬到了政治部，參加了工作，但這僅僅是形式上的變換，仍然沒有消除「作客」心理，不去參加下級部隊生活與戰鬥行動，不去與那些民運工作人員一起到敵我爭奪的區域跑，沒有經常與老百姓打交道，只是呆在政治部裏和幾個同時上前方的知識份子天天在一起，不去接觸眞正的戰鬥生活。這樣，舊的情感就越來越抬頭了。掛包裏的日記本上也從客觀材料的記錄變爲了個人情感與感想的書寫。後來，竟感到自己在前方是一個沒有用處的人。

於是，一九三九年秋他回到了延安。他所寫的報告，實際上只有一篇是在前方寫的。「其餘關於華北人民與軍隊的報導，都是回到了延安，翻開材料簿，硬把它們寫出來的。這自然更成了強弩之末，寫得難免興味索然了。」

對此，他並沒有意識到「自我改造」的問題，而「只以爲是一個寫作上的問題。因之就得到了過分強調寫熟悉的題材的文藝見解。」「寫熟悉的題材，這本來是一個寫作上的規律。但等到我把它加以片面地誇張，加以引伸爲達到『知識份子作者最好就寫知識份子』」的主張，他則認爲：只要「每個人寫出他所看到，他所想到的中國，儘管是一個角落，也就可以證明革命必然會到來，而對於新社會是有利的。」但是在當時，他的這種見解和主張是行不通的。

一九四一年五月至一九四二年二月，毛澤東先後發表了《改造我們的學習》、《整頓黨的作風》和《反對黨八股》，拉開了「延安整風運動」的序幕。毛澤東在《整頓黨的作風》中說：「主觀主義、宗派主義、黨八股（是指在革命隊伍中某些人所寫的文章沒有內容，專講形式，形同八股文。——引者注），這三股歪風，有它們的歷史根源，現在雖然不是占全黨統治地位的東西，但是它們還在經常作怪，還在襲擊我們，因此，有加以抵制之必要」。「反對主觀主義以整頓學風，反對宗派主義以整頓黨風，反對黨八股以整頓文風，這就是我們的任務。」

更能觸及何其芳靈魂的是，毛澤東在一九四二年發表的《在延安文藝座談會上的講話》中說：「如果同志們在新的群衆中間，還是像我上次說的『不熟，不懂，英雄無用武之地』，那末，不但下鄉要發生困難，不下鄉，就在延安，也要發生困難的。有的同志想：我還是爲『大後方』的讀者寫作吧，又熟悉，又有『全國意義』。這個想法，是完全不正確的。『大後方』也要變的，『大後方』的讀者，不需要從革命根據地的作家聽那些早已聽厭了的老故事」。

何其芳主張「知識份子作者最好就寫知識份子」，可是毛澤東在《整頓黨的作風》中說：「我們現在看看一些學生，看看那些同社會實際活動完全脫離關係的學校裏面出身的學生，他們的狀態是怎麼樣呢？一個人從那樣的小學一直讀到那樣的大學，畢業了，算有知識了。但是他有的只是書本上的知識，還沒有參加任何實際活動，還沒有把自己學得的知識應用到生活的任何部門裏去。像這樣的人是否可以算得一個完全的知識份子呢？我認爲很難，因爲他的知識還不完全。」

對於這些批評，何其芳是完全可以「對號入座」的。

四、近乎說夢的詩評

延安整風運動開始以後，針對何其芳的有失眞切的詩評文章也陸續見諸報端。其中，有些批評文章，恐怕是不能不使詩人感到掃興的。例如，有人對何其芳發表於一九四一年的《歎息三章》和《詩三首》的批評②就是如此。

詩人在《歎息三章》中的《給G．L同志》裏寫道：「你們在鄉下是那樣缺乏娛樂和遊戲。／你說你們有時用石頭來當作鐵球投擲，／我彷彿看見了在田野間，在夕陽下，／你們的寂寞的揮手的姿勢。」評論者批評不加任何具體分析便武斷地說：「因爲作者自己的心情是寂寞的，所以很自然地就將一切事物都看做是寂寞的了；將一切事物都給它們描繪出那作者所獨自見到的寂寞的陰影。」按照批評者的邏輯，似乎可以推出這樣的結論：你寫盜賊，首先你自己就是盜賊；你寫妓女，首先你自己就是妓女；你寫毛毛蟲，首先你自己就是一條毛毛蟲。

在《詩三首》的《什麼東西能夠永存》中，詩人因發現了「只有人的勞動能夠永存」，感到了人生的積極意義。他先設問：「什麼東西能夠永存？／人在日光之下的一切勞作到底有什麼用處／人既然那樣從搖籃到墳墓？」然後筆鋒一轉批判說：「我的心裏有時又發出這樣的聲音，／我知道是怎個頑固老，頂醜陋的聲音，／雖說它說得那樣甜蜜，那樣年青。」而評論者全然不顧下文，不顧這種曲折的表達方式，僅把第一節抄下來，而對後一節視而不見，便一口咬定：「這也是作者歎息和悲愁的重要原因之一」。更使人覺得不可思議的是，詩中的「我於是有了很大的信心，／我說只有人的勞作能永存」這些積極、健康的詩句竟被斥之爲「虛僞的濫調」。

重拳還在後頭：批評者提出了「到底何其芳同志要將讀者引導向那兒去」的問題。爲了證明這個論題，批評者對何其芳的《多少次呵我離開了我日常的生活》一詩的前一半的某些字句進行剪截組合，說詩人「要離開『那狹小生活，那帶著塵土的生活，那發著喧囂聲音的忙碌的生活』，而且然後，他要將自己『投在草地上』，把草地當做母親的懷抱，而且然後，要用『河水的聲音』，用『天空』，用『白雲』，洗淨他心裏繁瑣、重壓和苦惱。要洗淨得像一個『新生出來的人』，『像一個離開了人世的人』。這還不夠，『還要吃著野果子』，『吸著露水』過他的日子，——一句話，何其芳同志是邀請他的讀者和他的學生到他內心裏的安靜而又沒有塵土，又沒有喧囂的忙碌的世界遊逛嗎？——我想大約是的。」就這樣，評論者似乎完成了自己的「論證」，得出了一個能夠令人心驚肉跳的結論：何其芳企圖把他的讀者和他的學生引到邪路上去！從而把一頂帶有政治色彩的帽子硬套到了何其芳的頭上。

其實，如果全面地而不是片面地、完整地而不是斷章取義地來看這首詩，就不難看出詩人對他的讀者和學生的正確「導向」：儘管詩人也多少次想離開那狹小的、帶著塵土的、喧囂而忙碌的生活，想到遼遠又沒有人跡的地方，去洗淨一切繁瑣、重壓和苦惱。但詩人又說：「我很快地又想起了我那現實的生活」，「我是那樣愛它，我是那樣不能離開它，我要急忙地走回去。」走回到哪兒去呢？他滿懷激情地說：

> 我要去走在那不潔淨的街道上，╲走在那擁擠的人群中，╲走在那有著滿是皺紋而且污穢的臉的人群中，╲我要去和那些汗流滿面的人一起在土地上勞苦。╲一起去從那吝嗇的土地索取可憐的食物，╲我要去睡在那低矮的屋頂上，╲和我那些兄弟們一起歎息，╲一起唱著悲哀的歌，╲或者一起做著各種沉重的夢，╲甚至假若我們必須去戰爭，╲我也願意去走在那帶著武器兵士們的行列裏，╲去看見血，去看見屍首……

顯然，這裏的「街道上」，暗指「工人中」；「土地上」，暗指「農民」，詩人決心走回到工農兵中去，和他們一起流汗，一起勞苦，一起戰鬥。而且是堅定不移的：「我願意去擔負，我願意去忍受，我願意去奮鬥，╲我和他們的命運是緊緊地聯結在一起，╲沒有什麼能夠分開，沒有什麼能夠破壞。」

儘管批評者所提出的批評意見，有些也值得詩人思考，儘管批評者也這樣「聲明」：「我同作者從來沒有絲毫的仇恨」，「而且我們絕不能抹殺作者在形式上在技巧上的成功和獨特風格，這是値得研究和學習的。」但是，從總體上來看，批評的態度是武斷的，不是「與人爲善」的；批評的方法也是簡單的，隨意地肢解原詩，斷章取義，恣意地、主觀地建立自己的論據，攻其一點，不及其餘。

何其芳對這樣的批評似乎並沒有作出自己的反批評。不過，使他的心靈受到很大的震動，這是毫無疑問的。他在《〈夜歌〉初版後記》中說：「在一九四二年春天以後，我就沒有寫詩了。有許多比寫詩更重要的事情要去做，而其中最重要的是從一些具體問題與具體工作去學習理論，檢討與改造自己。我們民族的災難是如此沉重，她的每一個忠實的兒女都應該擔負起雙倍的擔子。一個人不能成天只是唱歌。許多事情我都要去學習做。我過去的生活、知識、能力、經驗，都實在太狹隘了。而在一切事情之中，有一個最緊急的事情則是思想上武裝自己。」「寫詩在我的工作日程上就被擠掉了。」顯然，何其芳更多的是考慮自己對於整個民族的責任，考慮改造自己，而沒有斤斤計較於別人對他的作品的毀譽。所以，他在整風運動以後所寫的文章中，反覆地檢討自己。例如，他在一九四五年一月所寫的《〈星火集〉後記一》中，就自認爲以往所存在的三個主要問題：

其一，「以小資產階級的觀點去代替或者附會無產階級的觀點。」他舉自己的散文《高爾基紀念》、《饑餓》爲例，自我批評說：在《高爾基紀念》那篇短文中，「我以頗爲抒情的筆調講了高爾基的善良，樂觀，與從他可以得鼓勵。其實高爾基的主要精神哪裏在這些地方呢？他的偉大之所在倒是羅曼・羅蘭的那篇《向高爾基致敬》說得好，在於他的事業是與下層民衆緊緊地相結合著的。」《饑餓》「這是一篇我自己覺得還寫得動人的文章，意思也是好的，但是我的饑餓的夢的內容乃是牛奶，糕點，宴席，這是何等本質地說明了我與勞苦人民還是同夢而又不同夢呵。」

其二，反覆談論「從個人出發的思想情感」。例如「快樂呀，過去呀，私人問題要善於處理呀，等等。」他檢討說：「這些都說明了最經常，最根深蒂固地佔據著我當時的腦子的還不是憂國憂民，而是憂己憂私。在《論『土地之鹽』》中我企圖論列這問題。然而那是何等不徹底，何等消極。」

其三，「在思想方法上，抽象地看問題。比如抽象的『人』的觀點。」他檢討自己的作品說：「《論本位文化》即強調所謂個人觀念的重要」；「在《高爾基紀念》裏我又引用了『人——是世界的樞軸』這句話。這一句偶然的文學的說法，爲什麼特別打進了我的腦子，而且加以含糊地引用呢？這不過因爲它適合於自己的抽象的『人』的觀念而已。」在此基礎上，何其芳概括分析說：「在當時，從文藝見解到對於各種問題的看法大體上自有一套小資產階級的立場與方法，自成一個系統。這種立場與方法，這種系統，當然是和客觀眞理與廣大人民的利益並不符合的。這是由於出身，生活，教育（對於我，尤其是過去文學作品的影響）所構成。」「那種小資產階級的思想系統，我是在一個偉大的整風運動起來以後才逐漸認識其錯誤」，「經過了這種思想改造的烈火的洗禮，我的眼睛也才比較明亮了一點。」

在很長的一段時間裏，何其芳積極地投入到整風運動中去，不斷地學習理論，檢討自己以往的言行和作品。在這種情況，他的創作熱情有所消滅，純屬自然。

五、「我是一個忙碌的人」

何其芳不止一次地說過，在一九四二年春天以後的一段相當長的時間裏，他極少寫詩，或者說「就是完全沒有寫。」延安文藝座談會以後，他總結了一個「根本原因」，就是由於自己很少接觸勞動人民的生活，因而「我的生活很狹窄」。同時他又說：「或者還可以找到一個解釋：寫詩一直是我的業餘活動，而且後來連業餘的時間也輪不到它了。應該承認這個客觀原因。」

何其芳實在是一個忙碌的人。從一九四二年到他給讀者寫《回答》的一九五四年，他「轉戰南北」，馬不停蹄。

一九三九年四月從前線返回延安，不久就擔任了魯藝文學系主任。他不僅要做系行政工作，教學工作，還像一個團體的家長，操勞著學員們的全部生活。朱寨在《急促的腳步》一文中曾經對當時的何其芳作過這樣的「素描」：

他腳步急促。彷彿有一股看不見的氣流推擁著，彷彿有一個令人嚮往的目標吸引著，雙腳像秒針一樣奔走，兩眼像時針一樣凝注。像剛舉步的幼童放步人生，像初生的安泰腳沾大地，欣喜激動，因搶步而踉蹌，不時鞋擦地面，踢拖有聲……

讀到這段描述性文字，即使我們不去體味其中的寓意，也能從字面上讀出何其芳在魯藝工作時的忙碌的身影。

一九四四年四月至一九四五年一月和一九四五年九月至一九四七年三月，他先後兩次被派到重慶，從事思想文化領域和統一戰線工作，寫下了許多篇雜文和評論文章，並擔任當時的《新華日報》等報刊的領導和具體編務工作。

一九四九年三月從重慶返回延安，他曾先後在中央城工部和中央工委工作。同年十月至十二月，任朱德秘書。

一九四八年一月，他去河北省平山縣的張胡莊村參加土地改革工作。對這段經歷，何其芳的回憶頗感欣慰，他在對《憶昔》一詩所作的自注說：

土改工作團有部分同志以爲當時中央文件中「抽肥補瘦」一語有抽富裕中農之好地而補以貧農之壞地之義。凡按此種理解實行之村莊，後出現大片荒地。余在張胡莊農會中徵求意見。一中農成份農會委員對曰：「這萬不沾！」（當地口語：「此事萬不可行！」）余問其故，彼云：「以壞地換富裕中農好地，他們準會蒿荒不種。」余恍然大悟，未採取土改工作團不少同志實行之辦法。土改完成後，上述農會委員與余同登山半，望見全村田地皆麥色青青，山坡小片瘠地亦無不種上莊稼。彼笑謂余曰：「老何，你作土改工作沒有打擊生產。」

同年十一月，何其芳被調到馬列學院（後改爲高級黨校）作國文教員。在此期間，何其芳在延安時就認識的同事將被從政務院的文教參事的職位上調往四川工作，他問何其芳可不可以離開馬列學院，到政務院去作他走後留下來的文教參事的工作。但何其芳沒有去。因爲他當時「滿意在馬列學院作國文教員，擔子輕，有時間還可以學習和寫作。」事後，周恩來曾問他當時爲什麼不想到政務院工作，何其芳如實地說了當時的想法，周恩來一笑了之。對此，何其芳在一九七六年曾遺憾道：「我很追悔，我很傷心，╱我恨不能分身爲幾個人，╱

一個去作您的小秘書，／一個修改老幹部的作文簿，／一個熬夜做研究工作，／再一個寫詩，寫論文，寫小說。」

由何其芳的「追悔」不難看出，他在馬列學院作國文教員期間，工作也並不輕鬆。從一九五三年起，何其芳先後擔任中國科學院文學研究所領導小組組長、副所長、所長，並兼論《人民文學》和《文藝報》的編委，《文學評論》的主編。

何其芳的履歷清楚地表明，從一九四二年夏天到他寫出《回答》的一九五四年，他的精神上和工作上的負擔特別沉重。無怪乎他在《回答》中發出這樣的感歎：「我的翅膀是這樣沉重，／像是塵土，又像有什麼悲慟，／壓得我只能在地上行走」。

沉重的負擔，不允許他經常到處去走動，去廣泛地深入生活，使他感到生活源泉的枯窘；而他的創作態度又非常嚴肅、矜持：「正因爲我對於詩是那樣重視，那樣不願糟踏它的名字，我從來就極少勉強去寫它。我總是要有創作衝動的時候才去寫。我以爲如果爲了使自己的名字經常在刊物上出現而去寫詩，爲了保持詩人的稱號而去寫詩，爲了怕讀者忘記而去寫詩，那都是近乎不道德的事情。」③

只有全面地而不是片面地、深刻地而不是膚淺地、客觀地而不是主觀地在更深廣的層次上瞭解何其芳這一階段的經歷，才能掂量出《回答》的沉甸甸的份量，才能正確地瞭解他在這一時期很少寫詩以至於不寫詩的眞正原因。

【注　釋】

①曹陽：《不健康的感情》。

②吳時韻：《〈歎息三章〉與〈詩三首〉讀後》。

③何其芳：《寫詩的經過》。

第六章　新詩理論探索

一、「破戒」

中國新詩（或稱白話詩、現代詩）的發生，差不多與何其芳的「發蒙」同時。文言古詩經過了幾千年的演變、發展，已形成了一套嚴整的格律。自從一九一七年二月胡適在《新青年》上開始發表白話詩，一九一八年寫白話詩的人漸多。那時常在《新青年》、《新潮》、《少年中國》、《星期評論》等刊物上發表新詩的有胡適、劉半農、沈尹默、周作人、兪平伯、康白情、劉大白等，從此，作爲現代詩歌體裁的「新詩」形成了。這些初期新詩的共同點在於「自由成章而沒有一定的格律，切自然的音節而不必拘音韻，貴質樸而不講雕琢，以白話入行而不尙典雅。」①

初期白話詩的作者們並沒有統一的藝術主張，從總體上說，這些白話詩的內容更接近下層勞動人民的生活，反映了具有時代特徵的個性解放的要求。但在形式上都具有比較明顯的散文化的傾向。例如，周作人的《小河》，忽視了詩的節拍，甚至忽視了詩歌內在的節奏，實際上成了一種分行的散文；胡適的《人力車夫》，採取一問一答的形式，都用口語，散文化的傾向十分明顯。這種散文化的傾向，在反對舊詩形式的束縛方面起了很大的作用，但同時也帶來了新詩過於直白顯露的弊病。因而有些詩人便開始從創作實踐上對新詩的形式作了嘗試性的探索。

例如，劉半農的《相隔一層紙》：

屋子裏攏著爐火，／老爺吩咐開窗買水果，／說「天氣不冷火太熱，／別任它烤壞了我」。

屋子外躺著一個叫化子／咬緊牙齒對著北風喊「要死」！／可憐屋外與屋裏，／相隔只有一層薄紙！

這首詩不僅在所表現的主題上與杜甫的「朱門酒肉臭，路有凍死骨」異曲同工，在形式上也注意了句式大體整齊，每節一、二、四句押韻，顯然是繼承了古詩的一些特點。

再如，劉大白的《田主來》：

勤的餓，惰的飽，／世間哪裏有公道！／辛苦種得一年田，／田主偏來當債討。／大門重秤十足一，／額外浮收還說少。／更添阿二一隻雞，／也不值得再計較！／賊是暗地偷，狗是背地咬，╱都是乘人不見到。╱怎像田主凶得很，╱明吞面搶眞強盜！

劉大白在他的第一部詩集《舊夢》的《付印自記》中說：「我因爲沉溺於舊詩詞中差不多有三十三年的歷史，所以我的詩傳統的氣味太重。」他的《田主來》中就明顯地帶有傳統的民間歌謠的意味，其中也體現著詩人對新詩形式的思考和探索。不過，這種探索還僅僅表現爲創作實踐上。

隨著新詩的大量出品，客觀上顯示了在形式上的交織和分野：有的過於散文化，有的努力保留舊詩的某些形式特點。因而，從理論上探索新詩的形式問題，勢在必然。

例如，俞平伯發表于一九一九年三月的《白話詩的三大條件》，就是從理論上探討新詩形式的較早的論文之一。文中指出：「《新青年》提倡新文學以來，招社會非難，也不知多少。」「而其中獨以新體詩招人反對最力。」在種種非難中，「有一種非難，卻有點見識，他們並不是根本反對白話詩，不過從組織方面，肆其攻擊罷了。」因此，他對白話詩提出了自己的意見：「大凡無論何種文章，一方是文字之組織，一方是代表的意義。在一般通俗文章，盡可專注意於內質，文詞只要明顯，種種修詞，概可免去。但詩歌一種，確是抒發美感的文學，雖主寫實，亦必力求其遺詞命篇之完密優美。」因而他提出了白話詩的三大條件：一是「用字要精當，造句要雅潔，安章要完密」，主張白話入詩必須有這種限制，否則隨著各人說話的口氣做詩，一天盡可以有幾十首，也就沒有什麼價值。二是「音節務諧適，卻不限定句末用韻」。認爲詩歌畢竟屬於韻文，新詩雖不一定用韻，而句中音節，必須力求和諧，否則做出詩來，就成了短篇的散文。三是「說理要深邃，表情要切至，敘事要靈活」。認爲從內容的表達來看，「詩尤與文不同」：在文可以直說者，「詩必當曲繪；文可以繁說者，詩只可簡括」，「詩的說理表情敘事，均比散文深一層。」

在此後的十年左右的時間裏，胡適、李大釗、宗白華、康白情、李思純、郭沫若、朱自清、鄧中夏、穆木天、王獨清、饒孟侃、聞一多等都先後發表有關論文，對新詩的創作提出了自己的看法。其中，聞一多的《詩的格律》一文，不僅表示了對新詩的一般看法，而且更爲具體地提出了詩的格律，主張詩人應當「戴著腳鐐跳舞」，即按照詩的格律的要求來創作詩歌，新詩也不能廢除格律。

聞一多把格律的「原質」分析爲兩個方面：一是視覺，一是聽覺。屬於視覺方面的格律有節的勻稱，有句的均齊；屬於聽覺方面的有格式，有音尺，有平仄，有韻腳。認爲如果能夠達到這兩方面的要求，詩歌就具備有音樂美、繪畫美和建築美。詩的音樂美，是指音節；繪畫美，是指詞藻；建築美，是指節的勻稱和句的均齊，並認爲建築美是新詩區別於舊詩的特點之一，舊的律詩可能也有建築美，但它永遠只有一個格式，這種固定的格式限制著內容，而新詩可以「相體裁衣」，根據表達內容的需要靈活選用合適的格式，詩人可以自由創造，因而新詩的格式層出不窮。他特別提倡每行有四個音尺（又稱音組）構成，其中必有一個「三字尺」的格式。他的音尺理論是在繼承傳統的「頓」和借鑒西方十四行詩（又稱商籟體）的「音步」基礎上，根據現代漢語的特點而提出的，他的《死水》一詩就是考究音尺的典型範例：

這是一｜一溝一｜絕望的｜死水，
清風｜吹不起｜半點｜漪淪。
不如｜多扔些｜破銅｜爛鐵，
爽性｜潑你的｜剩菜｜殘羹。

這裏，每行都可以分成四個音尺，每行有一個「三字尺」（三個字構成的音組）和三個「二字尺」（兩個字構成的音組）。音尺排列的次序是不規則的，但是每行必須還它一個「三字尺」三個「二字尺」的總數。他斷言，這種音節的方式發現以後，「新詩不久定要走進一個新的建設的時期」。這種格式不失爲新詩的格式之一，但聞一多把它作爲劃一的要求，似乎又違背了他的新詩可以「相體裁衣」的初衷。

二十世紀三十年代，又有戴望舒、臧克家、朱光潛、朱自清、茅盾等人的詩論。與二十年代的詩論相比，它有一個比較顯著的特點，那就是對具體的詩作及某些詩論有著明顯的針對性。不過，「單向」的批評一般是不會維持久遠的，它勢必引起對問題的「論爭」。

關於詩歌創作，特別是新詩的形式，是一個經常引起階段性論爭高潮的問題。一九三九年和一九四〇年在延安和重慶爭論過，一九四四年在延安魯迅藝術學院又爭論過，一九四九年以後，更是論爭頻繁。

何其芳從二十世紀三十年代初開始用眞名在報刊上公開發表自己的作品，一直到五十年代初，儘管已經出了三本詩集，但他本來並不熱心於關於詩歌問題的理論論爭。他說：「我覺得創作家自然也可以兼寫理論批評文章，但主要還是應該用他的作品來證明他的理論，並且使他的作品就成爲一種對他所不贊成的作品的批評」，「應該以作品來建立新詩的形式」。②但「《文藝報》編輯部曾發表過一次筆談，要大家談一談新詩。我也是接到通知的。但我那時正做著別的事情，沒有時間認眞考慮，也沒有時間寫，就未能參加。……但我並不否認搞創作的人也有常常交換意見的必要。因此，《文藝報》的編者要我補寫幾句，我就破戒來談一次新詩。」

從此，何其芳開始筆談新詩，參與論爭，開始了他對新詩的理論探索。

二、「歌中之歌，蜜中之蜜」

從一九五〇年到一九五九年，圍繞新詩問題，何其芳陸續發表了《話說新詩》、《關於寫詩和讀詩》、《關於現代格律詩》、《寫詩的經過》、《關於新詩的百花齊放》、《關於新詩形式問題的爭論》等論文，提出了一系列富有創新意義的觀點和主張，構建了他的獨特的新詩理論。

何其芳論詩，不是單從形式著眼，而是從內容和形式的結合上探討新詩創作方法和規律。他認爲新詩首先有一個內容問題，詩人應當繼承中國古代詩歌「善陳時事」的優良傳統，應該在他的作品裏豐富地深入地反映一個時代的社會生活，一個時代的精神，內容不能流於太狹窄、太浮面。他舉例說，魯藜作了天津中國大戲院的經理，他就以那種生活爲題材寫了一首詩，詩中寫道：「時代的詩人們／請你們來寫這樣的詩／寫我們這日常的生活吧」這首詩居然受到了參加詩歌漫談會與會者中好幾位的稱讚，而何其芳認爲：像「魯藜這樣的詩當然並不是絕對不可以寫。但是，誰要是把他這樣三行詩當作創作的方向，那就一定要犯錯誤。」

他還舉例說，在那個《詩歌漫談會筆錄》裏面有這樣的內容：有一個作者爲了說明生活到處都是，還舉了一個例子：「一個小同學在作文中寫著：她的母親給她做了棉褲，她不要穿。她的母親問她冷不冷，她說不冷。她的母親對她說，你不穿要冷的。她最後說：『我聽了，我難過，我默然。』」這個作者講完了這個故事以後就加上一個按語：「這很眞實動人。」何其芳則說：「我看了這一段以後也忍不住要加一個按語：如果我們的詩人們眞以爲這就是詩的題材的話，那就眞會把我們的作品降低到兒童的作文的水平的。」③

因此，何其芳主張，一個創作家應該像辛勤的蜜蜂，博采生活中的百花之精華，尤其是勞動人民的生活中的百花之精華，並經過充分的醞釀和勞動，把他們製成蜜一樣的作品。因此，「詩應該是歌中之歌，蜜中之蜜。」「詩，是人在激動的時候，是人受了客觀事物的刺激，其情感達到緊張與高亢的時候的產物。」不管是直接抒情還是歌詠事件，都應該有這樣的特點，都應該有強烈的詩的情緒。他舉一首藏族民歌爲例：

可愛的小布穀，沒有你我不知道春夏秋冬；不是沒有別的鳥，別的鳥唱我不願聽它。

可愛的小白馬，沒有你我爬不上大坡；不是沒有別的馬，別的馬我不願騎它。

可愛的姑娘呵，沒有你日子是過得那麼長；不是沒有別的姑娘，別的姑娘我不愛她。

他認爲，這首詩雖然經過了另一種文字的翻譯，原來的音節已經很受損失，但裏面顫動著藏族詩人的情緒。像這樣的文字，即使不分行而連寫，它仍然是詩，而不是文。反之，沒有生活內容，沒有強烈的詩的情緒，那就眞如有的人所嘲笑的那樣：「連則爲文，分則爲詩」了。他主張應當像加里寧所說的那樣，詩人「必須將自己的血流一點進去」。

可以說，注重內容與形式的統一，這是何其芳探索新詩的出發點，也是他的新詩理論的一塊堅定的基石。

三、新詩格律理論的建構

何其芳在一九四四年所寫的《談寫詩》一文中說：「總括起來說，詩也是現實生活在人類頭腦中的反映和加工的結果，不過這種生活是一種更激動人的生活，因此這種反映和加工就採取了一種直接抒情或歌詠事物的方式。而詩的語言文字也就更富於音樂性。」一九五三年十一月，他在北京圖書館所作的講演《關於寫詩和讀詩》中，則對九年前這一關於詩的特質的說明作了「補充修正」：

> 詩是一種最集中地反映社會生活的文學樣式，它飽和著豐富的想像和感情，常常以直接抒情的方式來表現，而且在精煉與和諧的程度上，特別是在節奏的鮮明上，它的語言有別於散文的語言。

如果說前者強調內容決定形式，那麼後者則更清楚地看到了形式因素對詩的特質的影響。

他在一九五〇年所寫的《話說新詩》中說：「是的，新詩還有一個形式問題」，但在這個問題上，他主張應該防止兩種偏向：一是離開內容和實際情況孤立地主觀地考慮形式問題，因為某些新詩的形式方面的缺點而就全部抹煞五四以來的新詩，或者企圖簡單地規定一種形式來統一全部新詩的形式；二是根本否認新詩還有一個形式問題的存在，藉口「內容決定形式」來掩蓋某些新詩的形式方面的缺點。

何其芳認為，五四以來的新詩，從形式方面概括起來說，就是在格律詩和自由詩兩者之間走了一條「之」字形的曲折的道路：初期的白話詩一般並未擺脫掉舊詩詞的格律的影響。後來感到這還不是天足，就把那最後一層裹腳布也拋開了。後來有一部分人又覺得那太沒有詩的音節，說它是「詩的自殺政策」，就企圖根據西洋的格律詩來建立新詩的格律，主張「戴著腳鐐跳舞」，但不久就被嘲笑為「豆腐乾式」，於是自由詩又漸漸占了上風。真有些像一股風，一會兒吹向那邊，一會兒又吹向這邊。同時，何其芳也覺得必須改造自己的詩的形式，因為他對自己以往的詩作，除了「不滿意於其內容上舊知識份子氣太濃厚」，「在形式上也發生了疑惑與搖動」，他「擔心那種歐化的形式無法達到比較廣大的讀者中間去。但用一種什麼樣的形式來代替它，則到現在這還是一個未能很好地解決的問題。」在《談寫詩》一文中則進一步提出：「自由詩的形式本身也有其弱點，最易流於散文化，恐怕新詩的民族形式還需要建立。」

經過幾年的思考，他認為：「形式的基礎是可以多元的。新詩的形式只能定這樣一個最寬的然而也是最正確的標準：凡是比較『能圓滿地表達我們要抒寫的內容』，而又比較『容易為廣大的讀者所接受』者，都是好的形式。」他在一九五〇年預料：「將來也許會發展到有幾種主要的形式，也可能發展到有一種支配的形式。如果要我來預先設想，將來的支配形式大概是這樣：它既適應現代的語言的結構與特點，又具有比較整齊比較鮮明的節奏和韻腳。」

新詩的形式問題究竟如何解決？他在一九五三年所寫的《關於寫詩和讀詩》中說：「一直到最近一二年我才有了一個比較確定的看法」，這個看法的核心是：「很有必要建立中國現代的格律詩」。其理由是：

從詩歌發展的歷史來看，中國和外國的古代詩歌，差不多都有一定的格律。這種形式上的特點，一方面對於詩的內容的表達給予了若干限制，但在另一方面，它又和詩的內容的某些根本之點是相適應的，而且能起一種補助作用。詩的內容既然總是飽和著強烈的或者深厚的感情，這就要求它的形式便利於表現出一種反復迴旋、一唱三歎的抒情氣氛。有一定的格律是有助於造成這種氣氛的。

從閱讀、欣賞的角度看，很多讀者長期地習慣於格律詩的傳統，他們往往更喜歡有格律的詩，以便於反覆詠味。

同時，何其芳還指出，「我們應該承認，自由詩不過是詩歌的一體，而且恐怕還不過是一種變體。」提倡建立中國現代詩的格律，「這並不是說我們就可以否定自由詩。」自由詩產生於近代，它的產生是由於有那樣的詩人，他感到用傳統的格律詩的形式不能表現出他所要表現的內容，不得不採用一種新的形式。應該承認，這是非常富於創作性的，而且對於詩歌的發展是有利的，因爲它豐富了詩歌的形式。但「自由詩並不能全部代替格律詩。」「雖然現代生活的某些內容更適宜於用自由詩來表現，但仍然有許多內容可以寫成格律詩，或者說更適宜于寫成格律詩。」因此，他得出這樣一個結論：

並非一切生活都必須用自由詩來表現，也並非一切讀者都滿足于自由詩，因此，一個國家，如果沒有適合於它的現代語言的規律的格律詩，我覺得這是一種不健全的現象，偏枯的現象。這種情況繼續下去，不但我們總會感到這是一種缺陷，而且對於詩歌的發展也是不利的。這就是我主張建立現代格律詩的理由。

顯然，何其芳是以不否定自由詩爲前提，從詩歌反映生活內容和適應廣大讀者的閱讀、欣賞習慣這兩個需要出發，以促進新詩繁榮和發展爲根本目的而提出建立現代格律詩的主張的。

如何建立中國現代的格律詩？他在《現代格律詩》一文中提出了明確而具體的主張：

首先，現代格律詩每句之間大致要頓數整齊，但不必顧到字數整齊。（這裏所說的「頓」，是指古代的一句詩和現代的一行詩中的那種音節上的基本單位。每頓所占的時間大致相等。）這也是現代格律詩和古代格律詩的主要區別之一。從他所舉的幾個例子中足以說明這一區別：

人生——不相——見，
動如——參與——商。
今夕——復何——夕，
共此——燈燭——光。

潯陽——江頭——夜送——客，
楓葉——荻花——秋瑟——瑟。
主人——下馬——客在——船，
舉酒——欲飲——無管——弦。

這兩個例子是一首五言和一首七言舊詩的開頭四句。在同一首中，每句的頓數相等。五言詩的一句讀爲三頓，七言詩的一句讀爲四頓。這裏的頓，是音節上的單位，它和意思上的一定單位（一個詞或者兩個詞合成的短語）基本一致，但有時爲了音節上的必要，也可以不管意思上是否可以分開，如「秋瑟——瑟」、「無管——弦」。而且同一首詩中的每一句的字數相等。而一些新詩則有所不同：

哥哥你——走西——口，
小妹妹——實難——留；
手拉著——那哥哥的——手，
送你到——大門——口。

棗林的——核桃——河畔上的——草，
拜了一個——幹妹妹——數你——好。
前山裏——有雨——後山裏——霧，
照不見——哥哥走的——那條——路。

這兩首新詩，第一首的節奏與五言詩相同，第二首的節奏和七言詩相同，同一首中的每句頓數一致，但是它們在字數上卻不是相等的五言或七言。何其芳認爲，現代格律詩大致就可以這樣分頓。也就是說，要照顧頓數的整齊，但不必顧及字數的整齊。

同時，何其芳也認爲，所謂「每行的頓數整齊」，這只是就現代格律詩的基本形而言的，並不是說在頓數的多少上完全不可有些變化，它可以有每行三頓、四頓、五頓這樣幾種基本形式。在長詩裏，如果有必要，在頓數上是可以有變化的，不過在局部範圍內，它仍應該是統一的；在短詩裏，或者在長詩的局部範圍內，頓數也可以有變化，不過這種變化應該是有規律的。

其次，「每行的最後一頓基本上是兩個字」。他引聞一多的一首詩爲例：

這燈光，這燈光漂白了的四壁；╲這賢良的桌椅，朋友似的親密；╲這古書的紙香一陣陣的襲來，╲要好的茶杯貞女一般的潔白；╲受哺的小兒接呷在母親懷裏，╲鼾聲報導我大兒康健的消息……╲這種神秘的靜夜，這渾圓的和平，╲我喉嚨裏顫動著感謝的歌聲。╲但是歌聲馬上又變成了詛咒，╲靜夜，我不能，不能受你的賄賂。╲誰稀罕你這牆內尺方的和平！╲我的世界還有更遼闊的邊境。╲這四牆既隔不斷戰爭的喧囂，╲你有什麼方法禁止我的心跳？╲最好是讓這口裏塞滿了沙泥，╲如其它只會唱著個人的休戚！╲最好是讓這頭顱給田鼠掘洞，╲讓這一團血肉也去喂著屍蟲，╲如果只是爲了一杯酒，一本詩，╲靜夜裏鐘擺搖來的一片閒適，╲就聽不見了你們四鄰的呻吟，╲看不見寡婦孤兒抖顫的身影，╲戰壕裏的痙攣，病人咬著病榻，╲和各種慘劇在生活的磨子下。／幸福！我如今不能受你的私賄，／我的世界不在這尺方的牆內。／聽！又是一陣炮聲，死神在咆哮。／靜夜！你如何能禁止我的心跳？

何其芳指出，這首詩的每行最後一頓，絕大多數都是兩個字，只有兩行是三個字；而在最後一頓的兩個字，又絕大多數是兩個字的詞。它的好處就在於更適應現代口語中兩個字的詞最多這一特點，寫起來也方便。

但他同時又指出，所謂「每行的最後一頓基本上是兩個字」，「基本上」就是說主要是這樣，大多數是這樣，並非說絕對如此。如聞一多的另一節詩：

請告訴我誰是中國人，／誰的心裏有堯舜的心，／誰的血是荊軻聶政的血，／誰是神農黃帝的遺孽。

這一節詩都是每行四頓。每行最後一頓的字數並不一樣：第一行是三個字，第四行是兩個字，第二、三行都是一個字。但是，這兩行詩仍然是說話的調子，讀時總是聲音延長，所占時間和兩字大致相等，與整首詩的基本調子還是統一、和諧的。所以，並不是寫詩只能選擇兩個字的詞來作爲每行的最後一頓，而是我們的口語中本來以兩個字的詞爲多，把新詩的句子按照口語那樣寫，自然就會多數的行都以兩個字收尾。何其芳的這一主張，實際上是由「頓數整齊」的要求派生出來的。

再次，「有規律地押韻」。何其芳主張新格律詩要押韻的理由有三：一是現代漢語裏同韻母的字比較多；二是我國過去的格律詩有押韻的傳統；三是歐洲有些國家的格律詩，它們的節奏的構成除了由於每行有整齊的音節上的單位而外，還由於很有規律地運用輕重音或長短音，所以節奏性很強，可以有不押韻的格律詩。而我們的新詩格律的構成主要依靠頓數的整齊，因此需要用有規律的韻腳來增強它的節奏性。如果只是頓數整齊而不押韻，它和自由詩的區別就不很明顯。

現代格律詩怎樣押韻？他認爲：「我們寫現代格律詩，只是押大致相近的韻就可以，而且用不著一韻到底，可以少到兩行一換韻，四行一換韻」。④何其芳在一九五二年所作的《回答》一詩，就體現了他的這一主張。其中的第二節，則押了大致相近的韻；這首詩每節八行，除了第二節而外，每一節都是一、二、四行押韻，第五、六、七、八行不押韻；除了第五節和第七節的前四行押了相同的韻而外，其他各節都分別押了不同的韻。

何其芳對自己的主張作了這樣的概括：「我們說的現代格律詩在格律上就只有這樣一點要求：『按照現代口語寫得每行的頓數有規律，每頓所占時間大致相等，而且有規律地押韻。』」⑤他認爲，在實踐還很少的時候，不應該對新詩格律作一些繁瑣的規定。

在此基礎上，何其芳否定了聞一多對新詩格律的主張。認爲聞一多所主張的格律詩的形式之所以沒能爲更多的詩歌作者普遍採用，沒能完全解決建立現代格律詩的問題，除了他的許多詩在內容上沒有發生很大影響，因而使他在形式上的努力和成就爲人所忽視而外，還因爲他在詩的形式上的主張和作法本身還有許多缺點：建立格律詩的必要，他不是從格律和詩的內容的某些根本之點是相適應的而且能起一種補助作用這一方面去肯定，而是離開內容去講一些不恰當的道理，因而他的理論帶有形式主義的傾向。他不但強調每行字數整齊，而且還企圖在每一行裏安排上數目相等的重音，忽視了中國語言的特點，有些模仿外國的格律詩。這些過多的不適當的規定，妨礙詩的內容的表達，無法爲很多寫詩的人所贊同和接受。

四、詩論風波

何其芳在闡明建立現代格律詩的必要性時還談過這樣一個事實依據：我國古代的詩歌曾經找到過多種多樣的形式，而且有那樣一些作者，他們運用那些形式達到了非常的成熟，非常的完美；而我們今天，卻還沒有能夠很成功地建立起普遍承認的現代格律詩的形式，能夠把自由詩的形式運用得很好，或者說能夠把自由詩寫得從內容到形式都眞正是詩的人，也是很少的。在理論上我們不能否認，用自由詩的形式也可以寫出百讀不厭的詩來。但事實上我們卻很難得讀到這樣的自由詩。也許自由詩本身就有這樣一個弱點，容易流於鬆散。但決定的原因還是在於寫詩的人。許多寫詩的人並沒有受過認眞的專門的訓練，他們寫自由詩並不是因爲他們所要表現的內容只能採取這種形式，卻不過是這樣寫最容易，或者大家這樣寫他也就這樣寫，這怎麼能夠寫出令人百讀不厭的詩來呢？

到了一九五八年，新民歌運動興起，四川成都的《星星》詩刊，發起了「詩歌下放」問題的討論。同年五月，《處女地》的編者，從東北到北京，約請何其芳寫一點關於詩歌的意見。當何其芳覺得沒有什麼新的意見可寫的時候，看到《人民文學》五月號的一篇題爲《詩歌的下鄉上山問題》的文章，文中給何其芳加了一頂「反對或懷疑歌謠體的新詩」的帽子。何其芳覺得應該加以辯明，於是就寫了《關於新詩的百花齊放問題》，發表在《處女地》七月號上。這篇文章旨在推翻《詩歌的下鄉上山問題》中給他所加的「帽子」，並重申他在《話說新詩》和《關於現代格律詩》中的基本觀點。但他「完全沒有想到這樣一篇小文章會引起一場大風波。」

這年十月間，《處女地》的編者又到北京，說最近刊物上的一些文章，或明或暗地反對何其芳的意見，建議何其芳答辯。何其芳看了這些文章感到驚訝，帽子、棍子紛紛向他飛來，有的文章給他戴上了「政治帽子」。於是，何其芳於一九五九年一月至三月寫了《關於詩歌形式問題的爭論》和《再談詩歌形式問題》這兩篇文章，分別發表在《文學評論》一九五九年第一、二期上，對非難、攻擊他的那些觀點奮起反駁。

在《關於詩歌形式問題的爭論》一文中，何其芳概括了別人在文章中指斥他的原則性「錯誤」：主觀唯心論、資產階級的藝術趣味、個人主義傾向、形式主義的觀點、自覺或不自覺地對詩人和群衆的結合以及知識份子詩人的徹底改造或工人階級化有所抵觸、影響人們不去深入群衆鬥爭的生活、不要群衆路線、不要民族風格、輕視學習民族詩歌傳統、用老眼光看待新事物、貶低從古典詩歌和民歌基礎上發展新詩，等等。

何其芳說：「一個人如果神經脆弱一些，是會被這些批評弄得糊塗起來的。按照這些作者的邏輯，我敢說世界上的任何文章任何話語都是可以找出它的毛病來，並且給它加上種種罪名的。人要是碰到這樣的爭論的對手，還有什麼話可說呢？還有什麼可以答辯的呢？……『何其芳輕視民歌』，不過是屬於『曾參殺人』這一類故事罷了。」

當然，何其芳對爭論的對手還是有話可說的，他的反駁也是非常有力的。例如《關於詩歌形式問題的爭論》一文中說，他在《關於新詩的百花齊放問題》中就曾寫過這樣幾句話：

> 我們要開一代詩風，這不但是一個響亮的口號，而且是一個要富有創造性才能做到的雄舉。要完成這個雄舉，我們當然首先要繼承我國古典詩歌和民間詩歌的可貴的傳統。繼承傳統有一個形式上如何繼承的問題。這個問題大家意見不盡相同，還可討論。

但繼承傳統也並不只是一個形式問題。比如現在受到全國重視的大躍進歌謠和過去的革命歌謠，它們最吸引人的還並不是它們的形式，而是它們的內容表現出來了神話中巨人式的驚天動地的征服自然的精神，反抗的精神。此外，在藝術表現方面也還有問題可以深入研究。（黑點是這次引用加上的——何其芳）

何其芳說，這段話的後面的意思，到了別人的批評文章裏就變成：

何其芳同志的主觀唯心論還表現在對新民歌的形式與內容的看法上。何其芳同志認爲今天的「大躍進歌謠和過去的革命歌謠」之所以好，能吸引人的，「並不是它的形式，而是它的內容表現出來了神話中巨人式的驚天動地的征服自然的精神，反抗的精神。」（黑點是我加的——何其芳）

何其芳進而分析反駁說：

「最吸引人」被改爲「所以好，能吸引人」了。爲什麼前後都引全文，獨獨中間要改呢？這不明明是要歪曲別人的論點嗎？經過了這樣的篡改，於是就製造出了我把新民歌的內容和形式「分裂開來」、「肯定內容」、「否定它的形式」的結論。這位作者爲什麼和我們一般人這樣沒有共同語言呢？「最……」難道不是語法上的最高級的形容詞或形容短語嗎？除了「最吸引人」而外，不是還有「次吸引人」、「再吸引人」、「三次吸引人」

……嗎？爲什麼不是「最吸引人」就成了不「能吸引人」，就成了被「否定」呢？

何其芳擺出了雙方的有關原話，兩相對照，一針見血地揭露了批評者通過虛假推理，歪曲地捏造了何其芳對於民歌只「肯定內容」而「否定它的形式」這一偷樑換柱的作法，從而揭示了批評者在邏輯上的荒謬性。

其實，「大躍進歌謠和過去的革命歌謠，它們最吸引人的還並不是它們的形式」這句話，無非是說，這些歌謠的形式固然也吸引人，但最吸引人的還是它們的內容，絲毫沒有把它們的內容和形式割裂開來的意思，更沒有「否定它的形式」。

何其芳的辯駁，表現了他的銳氣和機智。不過，他的反批評也不是沒有值得我們反思的地方，正如有的評論者所指出的那樣：首先，何其芳對當時不太正常的政治氣氛缺乏足夠的認識，因而當他發現別人給他扣上政治帽子，使學術探討塗上政治色彩的時候，就更加義憤，更加覺得不可思議，也就更加容易動肝火；其次，何其芳對所有的批評者及其批評文章還缺乏冷靜的分析，使用了一些略帶誇張的嘲諷；而且對有些意見，似乎在考慮時略帶先入之見。其實，有些人的批評儘管有些過頭，但還是善意的，與那種無限上綱的作者，顯然是不同的，應當區別對待。

這種情況，過去也曾經發生過：一九三九年，針對艾青批評《畫夢錄》的《夢．幻想與現實》一文，何其芳作過《給艾青先生的一封信》，對艾青作了情緒激烈的反批評。不過，他在一九四五年編他的《星火集》時，就捨棄了這一篇，並在《〈星火集〉後記一》中說：「這個時期，所寫的文章也不止這幾篇。有的是有意刪去了的，比如《給艾青先生的一封信》。那也顯露出來了我當時那種頑固地留戀舊我的壞習氣。對於過去，沒有嚴格的批判而只是辯護。」當然，並不是像《給艾青先生的一封信》就不可編進他的散文集，但這種冷靜、理智的態度和做法，就更令人欽佩了。

總之，這次關於新詩的爭論，無論從哪方面說，都給學術論爭提供了有益的警示。

何其芳曾說：「沒有批評就不能前進」。我們也不妨補充一句：沒有反批評，文學（包括詩歌）創作也難以發展。何其芳對新詩理論的探索和建構以及他的反批評，對於促進新詩創作及其理論建設的貢獻，是不可抹殺的。

【注　釋】

①康白情：《新詩底我見》。

②③何其芳：《話說新詩》。

④⑤何其芳：《關於現代格律詩》。

第七章　從文研所到「五七」幹校

一、「其芳同志」

從一九五三年起，何其芳先後擔任中國科學院文學研究所領導小組組長、副所長、所長。有位領導人曾經「批評」何其芳：「你這個人眞『怪』，許多人都喜歡自己管的攤子越大越好，人越多越好，你卻相反。」何其芳欣然接受這一「批評」，擔任所長職務，領導著少而精的文學研究者，在文學研究的園地裏，辛勤耕耘。

他是所長，大家卻不稱呼他的官職。一位新來的人員，開始仍按一般習慣，恭敬地稱呼他「何所長」，成了全所竊竊議論的奇談。因爲全所人員早已習慣直呼他「其芳同志」，似乎只有這樣的稱呼，才能恰當地體現他和大家的關係，眞切表達大家對他的感情。這位新來的人員自己並沒有聽到同事的背後議論，很快就自然而隨便地稱他「其芳同志」了。

據朱寨在《緬懷勞動者》一文中回憶：當時的文學研究所，硬體設施比較差，連個專用的會議室都沒有。全所集會時，他和大家一樣，搬出自己的辦公椅子到臨時會場，擠個空間坐下後，望著大家微笑，他的表情似乎在說：「豈不是也各得其所嗎？」

要召開小型會議，他總是說：「到我家裏去，那裏還安靜些。」每當此時，他就像一個好客的主人似地招待大家。對每個人的到來，他都熱情迎接。會前，他爲大家忙得不亦樂乎，還呼喚著全家成員：「阿姨！決鳴！凱歌！辛卯！三雅！京姐！……」，他要讓大家嚐嚐從家鄉捎來的茶葉，向與會者推薦盤子裏的糖果。儘管如此，他幾乎每次都向大家道歉：「所裏的辦公室用房實在太緊張，不光擠，也不清淨，實在抱歉，只好委屈大家遷就我……」①

全所的日常行政事務有專職副所長分工負責，他本來可以不管，但他卻常爲工作人員的生活小事而積極奔走。當他頭天聽到單身工作人員反映食堂伙食不好，第二天早晨一上班，等不及通過副所長，正好行政科長走在前面上樓梯，追上去，對著耳朵有點重聽的行政科長大聲吶喊：「不要小看吃飯這件事！有一位同志說得對：一個人每天三次都要遇到吃飯這個問題！」②

青年作者請他看文章，他常常迫不及待，摘下眼鏡就讀。他那突出的眼球和鼻尖貼著紙面，似乎是視覺和嗅覺雙管齊下。還隨時替作者改正一些筆誤或錯字。讀到好的段落，便喃喃稱讚：「這個意見不錯」，或「這段文字精彩」。即使看到失敗的文章，從不輕蔑、譏誚，總是首先肯定其長處，如「文章的基本意思還可以」，「文字讀起來還流暢」等，然後才指出文章的缺點，並耐心地與作者商量修改方法。③

由此，很容易使人聯想起他在《論「土地之鹽」》中所說的一句話：「經歷鬥爭越多的人越是平易近人。」

二、「偏心」

何其芳的住房，是一間普通的背陰平房。正方形的房間，被貼著左右兩壁的書櫃書架擠成了一個窄窄的長條，不過十米，活像一節車廂。一張單人床，一張寫字臺，占去了房屋中間的主要地盤。寫字臺上堆積著書籍，中間是稿紙、筆硯，像戰壕一樣狼藉。他的近鄰就是《北京日報》的印刷車間，印刷機晝夜響個不停。這間小屋的窗戶臨街。窗外就是一個垃圾站，每夜都有卡車來裝運垃圾，響動驚人。這就是何其芳的臥室兼工作室，還要作研究所的「小會議室」。是否所裏的用房就真的緊張到如此地步呢？朱寨在《腦力勞動者——關於何其芳同志素描之二》中回憶了一次會議前的「爭論」：

「我的其芳同志！別說得這麼可憐巴巴的！咱們所的占房面積不算少啦！擠一間小會議室，毫不成問題。一我們精明強幹的女副所長，他的親密合作者，也幾乎是每次都出來澄清事實，同他辯論。

一次她接著發揮說：「難道像你這樣一個房間所裏都擠不出來？你看這房間像個什麼？」……

他惶恐地站起來，眼看大家要倒向他的「論敵」，慌張地防護自己的陣地：

「你老是說擠一擠。辦公室已經夠擠了。研究人員說什麼也不能擠。他們除了白天八小時，睡眠八小時，另外還有八小時他們要讀書寫東西……」

「我說你對研究人員就是有些偏心！」她趁他慌忙之際，故意刺了他一句，馬上拍手作揖地謝戰，「好好好，關於這個問題暫且不爭論了。」她狡黠地暗向大家擠眉弄眼。

何其芳對研究人員確實有點兒「偏心」，全所的行政辦公用房甚至他所長的辦公室既小又簡陋，而書庫和研究室卻很寬裕，在所裏居住辦公的研究人員，包括新來的年輕研究人員，都有一個寢室兼書房的房間。而他自己，卻沒有單獨使用的「所長辦公室」，他跟普通工作人員公用一間。

他對研究人員有些「偏心」，這是他傳統的指導思想在治所上的具體反映。早在一九四八年一月，何其芳去河北平山張胡莊村參加老區土地改革，該村農民由於種種原因，分爲兩派，一派當權，一派被壓，土改工作無法進行。何其芳作了深入的調查研究，後來依靠較公正的貧下中農，團結兩派中較正派分子，發動群衆，數日即解決兩派爭端激烈的問題，使土改工作得以順利進行。所以他在一九七五年所作的《憶昔》一詩中回憶此事寫道：「往事縈懷非自誇，／種花沃土應開花。／攻堅倚賴群才智，／解惑須經細調查。」這「攻堅倚賴群才智」的群衆路線，同樣體現在他領導文研所的工作中。要在文學研究上攻堅，他堅定地依靠、發揮研究人員的「群才智」。

三、「身經百鬥」

在「文化大革命」中，何其芳被抄過家，遭到無理的批判和殘酷的打擊。當時給他定的最大的罪名之一就是「走專家路線」。他被迫從事掃廁所、揑煤球、鏟煤末之類的體力勞動，並多次被揪鬥。但他心裏清楚，所謂「文化大革命」，就是大革文化的命，而他自己的所作所爲是無愧的。所以每次被揪鬥，他心裏都很坦然。有一次挨鬥後回到家裏，他悄悄和家人打趣說：「運動過後，我要刻一個圖章，叫做『身經百鬥』」！

有一次，正準備開大會批鬥他，恰巧下起了大雨，批鬥會沒有開成。回到家裏，他又對家人詼諧地慨歎道：「天助我也！」

要說「天助」，那到未必，而有些被迫表面揪鬥他的群衆，確是暗暗地保護他的。當何其芳被批鬥時，眼鏡掉了，有人會悄悄地給他撿起來；站久了，設法搬來凳子讓他坐下。還有從外地到北京串聯的青年學生，得知他就是正在做體力活的詩人何其芳時，趁沒有人的時候，也偷偷幫助他，安慰他，有些還向他請教寫詩的經驗呢。

何其芳被打成「黑幫」、「走資派」，剝奪了他正常工作的權利，浪費了他的寶貴時光。

從一九六九年開始的幾年中，何其芳一家六口人，被迫分散在六個地方住著：何其芳被趕出北京去河南的一個「五七」幹校勞動。因他有病，他的夫人牟決鳴是可以隨他一起去河南的，但他怕夫人看見他被揪鬥而難過、生氣，執意不同意夫人同去，牟決鳴只好隨著文化部到天津團泊窪靜海「五七」幹校。四個子女分別在內蒙、東北等邊遠地區工作、插隊。

從杜書瀛的《痛失良師》一文中，可以見到何其芳在「五七」幹校期間的幾幅剪影：

何其芳在幹校勞動，他的工種是「養豬」，由文研所所長變成了一名豬官，但他毫無怨言，忠於職守。幹校所在地河南息縣，此地是有名的粘土，「晴天似刀、下雨似膠」，一腳踩進爛泥，就像被什麼咬住似的難以自拔。在多雨的天氣裏，何其芳常常身穿灰色雨衣雨褲，手拄一根木棍，肩挑一擔豬食，一步一步走過去。在這樣泥濘的道路上，空身行走都難走穩，更何況何其芳年老多病，再挑上一擔沉重的豬食，其艱難支撐的情景可以想見：

> 他挑著擔子，精神高度集中，右手緊緊按住扁擔，左手拄著木棍作為支撐，雙眼注

意選路，兩腳則和那如膠的爛泥相搏，眞是一場緊張的戰鬥。但他總是堅定、頑強地走向目的地。

何其芳白天餵豬，夜晚還有守豬的任務：

一個雨夜，豬撞開圈門跑了。於是，漆黑的田野裏，亮起了一束手電光，雨聲中傳來其芳同志那「來來，來來，來來……」，帶著濃重四川口音的喚豬聲。當同志們幫他把豬趕回來時，他的雨鞋裏儘是泥漿，而他的臉上卻堆滿欣慰的笑容。

何其芳當豬官盡心盡力，從不敷衍。爲了養好豬，他還研讀有關養豬的書籍資料，並結合自己的實踐，總結養豬的經驗，把它編成歌訣：「品種要好；圈幹食飽。粗糧發酵，採集野草。小豬肥豬，多加精料。強弱分圈，隔離病號。夏天太熱，河裏洗澡。新生小豬，防止壓倒。注意衞生，防疫宜早。豬瘟難治，預防爲妙；其他疾病，努力治療。」

他對「養豬經」，可以說得頭頭是道，可他對自己的生活卻不善料理。據說在「五七」幹校還鬧過這樣一個笑話：一天午餐吃魚，他拿自己的漱口杯把魚從食堂打回來，吃到最後，忽然夾出一塊肥皂頭，險些放進嘴裏。原來，早晨洗漱時有一塊肥皂頭放在杯裏忘記取出。同事們常善意地拿這些事與他逗笑，他只是憨然一笑。

在非常惡劣的環境中，何其芳雖然被剝奪了正常的從事文學研究的權利，但在繁重的體力勞動之餘，他仍堅持讀書，思考問題。帶業務書籍下「五七」幹校，當時是被視爲「非法」的。但他所帶的物品中，除了一些必備衣服被褥等日用品之外，還帶著一隻小箱子，裏邊裝著紙筆和書籍，其中包括空想社會主義者歐文、傅立葉、聖西門等人的著作。他白天勞動，夜晚則挑燈研讀。

四、回城之後

隨著政治形勢的變化，何其芳於一九七一年從「五七」幹校回到北京，恢復了文學研究工作。一九七五年，哲學社會科學部的業務工作，由國務院政研室指導，文學研究所有了新的轉機，何其芳擔負了部分業務領導工作，文研所的樓道裏，又有了何其芳的身影和他匆匆的腳步聲，只是又增加了他的拐杖著地的「咯咯」聲。

何其芳首先考慮的是要把《文學評論》辦起來，但原來的編輯人員早已被「四人幫」當作「黑線」、「黑窠」而「砸爛」，隊伍被打散了，有的工作人員不願回來從事編輯工作。經何其芳反覆動員、勸說、奔走，《文學評論》編輯部終於重建起來了。他馬不停蹄，針對「四人幫」及其寫作班子的種種謬論，組織了一批戰鬥性很強的論文公開發表。

可是不久，「四人幫」又掀起一股「反擊右傾翻案風」的惡浪，何其芳的辛勞和努力被扣上了「刮業務颱風」的帽子，《文學評論》又被迫停刊，何其芳的文學研究工作轉入了古代文學領域。他精心審閱《唐詩選》和《唐詩選注》的注釋和作家小傳。據杜書瀛在《痛失良師》一文中回憶：

那時正值唐山大地震後不久，他家附近的民房，有的倒塌了，隔壁《北京日報》印刷廠的房子也裂了縫，他自己的住房原有的裂縫也擴大了，一陣一陣的餘震使屋頂灰土索索下落，人心惶惶，大都避震於室外。其芳同志卻捨不得離開他那堆滿了《全唐詩》和各種唐詩選注本的寫字臺。當同志們和他的愛人硬把他拉到室外，鎖上房門的時候，他又在用塑膠布搭起的防震棚工作起來了。白天，烈日把塑膠布曬得燙手，他在棚中翻閱材料，任憑汗流浹背，人聲鼎沸；晚上，他或者用手電筒照明，或者坐在長安街的路燈下，通宵達旦地看書，汽車和行人在離他很近的馬路上川流不息，嘈嘈雜雜，他全不管。

一九七六年，「四人幫」被粉碎，文學研究所眞正獲得了新生，何其芳又煥發了青春。他在《悼郭小川同志》一詩中寫道：「明明我的心還像二十歲一樣跳動，別想在我精神上找到一根白髮，一點龍鍾。」

五、回眸與控訴

何其芳曾不止一次的說過，寫詩是要有激情的。粉碎了「四人幫」，人們迎來了一個新的歷史時期，歷史的劇變，也激發了何其芳的詩情。一九七六年十二月，天津《今朝》雜誌徵稿，劉白羽推薦說，何其芳現在創作欲旺盛。沒錯，從一九七五年至一九七七年，他寫出了《憶昔》、《深深的哀悼》、《我控訴》等數十篇新作。這些作品，貫穿著兩大主題，一是「回眸」，二是「控訴」。

也許，歷史的轉折，更能引發人們回眸的情思，何其芳在「文革」中倍受摧殘、折磨，現在又獲得了新生，怎麼不使他浮想聯翩、回顧往昔？

在回眸往昔的詩作中，除了爲悼念死者而「用韻文編織的花環」之外，更值得重視的便是他的《憶昔》。

全詩共十四首，重點勾畫了他從私塾發蒙至延安時期的人生軌跡和心路歷程。詩中，有他在私塾時「危樓夜讀」、「唐詩一卷瓦燈孤」的剪影，有對萬縣「竟忍商船炮艦羞」的「長悲」，有對「留連光景」的早期創作所作的「苦求精緻近頹廢，綺麗從來不足珍」的深刻反思，有對在延安時「從戎投筆應經久，持盾還鄉絕可憐」的追悔和「虛負金黃小米飯，愧居碧綠大城池」的愧疚。

從總體來看，詩人回顧自己的歷程，絕無自我標榜之嫌。這十四首詩中，唯有一首流露了詩人的欣慰之情：

山下村莊一百家，／鬥爭激烈又交加。／豪強喜慶人分裂，／眞象模糊派性遮。／數日陰霾隨破散，／滿街笑語甚喧嘩！／威權在握能行使，／分地當無大誤差。

從根本上說，這種欣慰也不是詩人的自詡，而是詩人當年參加土改工作時，嚴格按照政策來行使在握的威權所獲得的成功。

謙抑多於欣慰的《憶昔》，詩人向世人敞開了自己的心扉，使人看到了心胸坦蕩的何其芳其人，也爲人們進一步瞭解和研究何其芳提供了清晰的線索。

與此同時，何其芳把他的詩筆指向了禍國殃民的「四人幫」，寫出了二百六十餘行的長詩《我控訴》，對「四人幫」政治上的反動、思想上的腐朽、生活上的糜爛及其對社會的危害作了全面而深刻的揭露和批判。其中也控訴了「四人幫」對他的打擊、迫害：

「四人幫」對我這樣攻擊：／說看見我的詩他們就生氣，／說從我的詩就可以辨認／我是一個什麼樣的人。／／眞是屁話！如果作品／不能表現出個性和精神，／算什麼詩人！他們的意思／是要給我扣上幾頂帽子，／是要加上形容詞，說我壞，／說我是資產階級民主派，／不准革命，施機迫害，／要轟我回家去抱小孩！／／……我不過是千萬個被他們打擊／但沒有投降的幹部中的一個；／我不過不肯拾他們的唾沫，／不曾說過他們的好話，／也不曾給他們送過檢查……／他們就要禁止我歌唱，／想用他們的手把我埋葬，／想把所有的歌喉加上鎖，／使中國成爲無聲的中國……

這裏，揭露了「四人幫」攻擊何其芳的手段、原因和目的，表達了詩人對「四人幫」的倒行逆施的無比憤慨，具有深刻的典型意義。

《憶昔》和《我控訴》，在何其芳這一時期的詩作中具有一定的代表性，從形式上看，又各有鮮明的特點。

《憶昔》，幾乎每一首都是比較嚴整的七律。如其中的第十二首：

也曾躍馬黃河畔，／亦複行軍黑月天。／槍炮齊鳴雙翼側，／雪霜覆蓋萬山巔。／從戎投筆應經久，／持盾還鄉絕可憐。／烈火高燒驚曠宇，／奈何我獨先西旋！

整首詩共八句，每句字數相等，第一、四、六、八句押韻，而且平仄相對，合乎七律的規範。

而《我控訴》就迥然不同，例如其中的最後一段：

中國古代有這樣的比方：／「百足之蟲，死而不僵。」／「四人幫」粉碎了，階級還存在。／您說過：「切不可書生氣十足。」／對待「四人幫」的餘威和餘毒／決不能手軟，決不可輕視，╲要打落水狗，要鞭死屍……╲呵，就以這來結束我的控訴！

這段詩雖然分行大體整齊，頓數基本一致，但不押韻，而且詩人並不忌諱引文、議論入詩，一任強烈的義憤之情自然噴發。全詩每段的行文也不求統一，最少的兩行，最多的長達十六行。之所以在同一時期，他的作品出現了如此不同的風格，用他《憶昔》中最後一首中的兩句詩來說，那就是「春蘭秋菊願同秀，流水高山俱可聽。」同時也回應了他在一九五九年《關於詩歌形式問題的爭論》中對於新詩格律主張的再思考：

> 我這幾年來寫的關於詩歌形式問題的文章到底有什麼缺點呢？主要是在我講到我所主張的這種格律詩的時候，特別是在把它和別的詩體比較的時候，我在語氣之間對於它的長處和可能有的發展前途講得過於自信一些。我曾經說過：「我們應該以作品來建立新詩的形式。」這種格律詩的實踐既然還很少，我的主張在實踐中也一定還會有所補充，修正，甚至也還有可能證明它不正確，是不應該過早地作過多的吹噓的。

顯然，何其芳後期的新體詩，對他的新格律詩的主張從實踐上作了補充和修正。在這一時期，他既寫新體詩，又作近體詩，也體現了「百花齊放」的精神。同是在《關於詩歌形式問題的爭論》一文中又主張寫不同詩體的人可以互相競賽。就是「同一個詩作者也不妨兩種形式都試驗，看到底哪一種更便於表現我們今天的生活。」據他的夫人牟決鳴回憶：

他一直認爲，新詩形式問題未能很好的解決，他提出現代格律詩的主張，就是在新詩形式問題未解決的情況下的一種探索。這個問題最終卻又還需要從廣大詩歌作者的實踐中來解決。其芳在凡屬他提出的一些文藝問題的看法上，如詩歌格律問題，典型問題，《紅樓夢》思想傾向的性質問題等，一直認爲要靠科學地、全面地總結歷史經驗來解決。他這種態度，不僅在我面前表示過，而且在一些同志面前也是不止一次地流露和說明過。④

何其芳用自己的創作實踐檢驗著自己的詩論，他既不隨波逐流，又不固執己見。這也正體現了一位優秀的文學理論家的良好風範。

六、《何其芳詩稿》

何其芳生前，曾應原上海人民出版社之約，準備把他從一九四九年以來的詩作匯總付梓，但他本人未來得及做完這件事就不幸去世。《何其芳詩稿》由他的夫人牟決鳴整理、選編而成，由上海文藝出版社於一九七九年四月刊行。

該詩集收入何其芳從一九五二年至一九七七年的詩作四十篇，共八十一首。分兩部分編排。第一部分包括《回答》、《討論憲法草案以後》、《我好像聽見了波濤的呼嘯》、《有一隻燕子遭到了風雨》、《海哪裏有那樣大的力量》、《聽歌》、《贈楊吉甫》、《贈範海亮》、《夜過萬縣》、《重遊南開》、《西回舍》、《張家莊的一晚》、《我們的革命用什麼來歌頌》、《歡呼我國第一顆人造衛星上天》、《寫給壽縣的詩》、《堂堂的中國回到聯合國》、《北京的早晨》、《北京的夜晚》、《我夢見》、《有某個伊凡》、《深深的哀悼》、《我控訴》、《懷念我們敬愛的周總理》、《悼郭小川同志》、《我想起你，我們的司令員》、《讀吉甫遺詩》等二十六篇；第二部分包括《古國》、《效杜甫戲爲六絕句》、《有人索書因戲集李商隱詩爲七絕句》、《自嘲》、《討叛徒、賣國賊、反革命修正主義分子林彪（二首）》、《憶昔》（十四首）、《偶成》（三首）、《歡呼毛主席〈詞二首〉的發表》（四首）、《諸葛亮祠》、《杜甫草堂》、《雜詩十首》、《太白岩》（二首）、《錦瑟》（二首）、《偶成》等十四篇。

牟決鳴在《〈何其芳詩稿〉後記》中說：「收在這個集子裏的詩，有些其芳生前就在報刊上發表過，有些是寫在他的詩稿本上，這次我把它們抄錄出來的，所以就把這個集子叫作『詩稿』。」

從數量上看，何其芳這一階段的詩作不算「多產」。原因很清楚，一九四九年以後，他的主要精力放在文學研究和文學批評上，還擔任文學研究所的領導工作，寫詩的時間被擠掉了。這些詩，基本上是他擠出睡眠的時間創作的。他的詩作篇末所作的記注往往有：「深夜」、「晨三時」、「于心臟病復發後」等字樣。牟決鳴在《〈何其芳詩稿〉後記》中回憶說：「其芳在一九六七年發現自己有心臟病，以後便越來越嚴重：心絞痛、動脈硬化加劇，以致植物神經失調，意識發生障礙。表現在他平常說話或開會發言時經常會突然中斷，走路時不辨方向，要昏暈一陣才能清醒過來。嚴重時這種情況每天要持續發生五六次，甚至十多次，有時每隔幾分鐘要昏過去一次。一九七二年後，他的身體更不行了，後來甚至連走路也得借手杖的扶助了。儘管這樣，儘管當時毫無發覺的胃癌也在暗暗侵蝕他的生命，其芳還是堅持白天上班，晚上寫作」。這使人不難想像詩人當年強忍病痛、夜以繼日、挑燈苦吟的情形。這個詩集中的「笑看鼠輩冰山倒，╱能令龍駿曉日新。╱敢惜蹣跚千里足，╱還教田野踏三春。」是他逝世前不久、心臟病復發後寫成的最後的詩句。這「壯心不已」的絕筆詩，留給我們的是對歷史、現實和作者人生的無窮回味。

從客觀上說，他沒有足夠的時間和精力用於寫詩，加之「四人幫」的殘酷迫害，導致了他在創作上的長期空白；從主觀上說，也與他的嚴肅的創作態度有關，他在一九七一年應安徽壽縣的一位年輕工人七年前的請求而作的《寫給壽縣的詩》中寫道：

已經七年了，我還沒有實現╱我誠心誠意許下的諾言。╱這是長得多麼慢的植物，

他的《北京的早晨》和《北京的夜晚》是在他醞釀了十三年之後才寫成的，因此他歎道：

╲我的詩在我心裏長了七年！

十三年了，我的詩還只有題目╲這是長得多麼慢的植物，╲十三年了，在我心裏的

種子╲還沒有壯大到破土而出！

詩這種「植物」，之所以在何其芳的心田長得緩慢、久久沒有「破土而出」，詩人曾作過這樣的解釋：他「從宿舍到機關」，整天「辦公，開會，上班，下班」；雖然他的氣質「宜寫詩歌」，而他不會喝酒，因此不能像李白那樣「一揮而就」，即使寫詩，「酒味也不濃厚」。可見，當他沒有作詩的激情時，他決不硬寫，決不敷衍，他要使自己的詩具有濃厚的詩味。七年、十三年磨一詩，也足以見出他的認眞、誠實的創作態度和他對詩作質量的追求。

這個詩集中的作品，體裁包括舊體詩和新體詩這兩大類。何其芳曾自述作舊體詩的原因：「我很少寫七律，最近我體會到這個形式很有味道。帶著腳鐐手銬跳舞，確實不易，但引人處也就在這裏。」⑥牟決鳴說：「其芳於一九六三年開始發表他寫的舊體詩——七言絕句，一九七五年開始『學作舊體七言律詩』。他寫律詩，對格律很講究，經常在對仗韻律等問題上，向一些同志和朋友請教。他還同比他年輕的同志在這些問題上開展討論，甚至爭論。但他也有偶爾失律的，那是他覺得從詩意、從內容考慮，倒不妨拗一下的。」⑤這種「偶爾失律」和「拗一下」的作法，體現著他對討論詩歌形式不應脫離內容的一貫思想。他在這一時期所作的新體詩，也始終實踐著他所提出的現代格律詩的主張，同時他又不一味地拘泥和固守舊體詩以及自己所提出的現代格律詩的形式規範，因而形成了藝術風格的多樣化：

柔和、舒緩。具有這種風格的詩，形成了低徊委婉的基調。例如《有一隻燕子遭到了風雨》：

有一隻燕子遭到了風雨，／再也飛不回它的家裏；／是誰理幹了它的羽毛，／又在晴空中高高飛起？／／有一個人是這樣憂傷，／好像誰帶走了他的希望；／是什麼歌聲這樣快樂，／好像從天空降落到他心上？／／還有什麼更感人，更可貴，／比較同情和援助的手臂？／是什麼，是什麼這樣沉重？／那是一滴感謝的淚！

這是詩人於一九五六年九月改定的舊作之一，他在自注中說：「從前學寫小說，曾爲其中人物所唱曲擬作歌詞二首。小說後來未能寫下去，歌詞亦未必可以譜曲，但因是試用曾被譏諷爲『閉門造車』的現代格律詩體，姑存之。」可見這是一篇現代格律詩，是當歌詞來寫的，詩中攝取「燕子」、「風雨」、「羽毛」、「晴空」、「淚」等意象，婉轉地表現了主題；同時，全詩節奏明快、柔和，易於吟唱。

粗獷、奔放。這種風格的詩作，充滿著陽剛之氣。例如前面所提到的《我控訴》，詩人激揚文字，控訴當年「四人幫」：「他們是善變美女的白骨精，／反革命兩面派是他們的特徵：／一張臉是笑容，是人的面貌，／一張臉卻是豺狼、虎豹，／可怕的獸嘴裂開像墓穴，／刀劍似的牙齒滴著人血……」／「罪不容誅，罪該萬死！」正如劉禹錫在《上杜司徒書》中所言：「悲而歎，歎而憤，憤必有泄，故見乎詞。」詩人的憤恨抑鬱已久，此時奔湧而出，流諸筆端，慷慨激昂，淋漓痛快，因而形成了粗獷奔放的風格。

柔和、舒緩與粗獷、奔放的融合。隨著詩人情緒的波動，往往在同一篇詩中，時而柔和舒緩，時而粗獷奔放。例如《〈北中國在燃燒〉斷片(二)》中的兩節：

天津。臭的牆子河。污穢的三不管。／人家告訴我坐洋車過那裏要抓緊帽子，／不然就有人從旁邊伸出手來搶去。／工廠的煙囪裏的黑煙在空中瀰漫。／工女們在黃昏中流出來像沉船的碎片。／日本浪人對著市政府的大門小便。／還未死去的白面兒客在爲「冀東政府」請願。／我要像趕走一群蒼蠅似地／來趕走我這些灰色的記憶：／每天晚上我坐在電燈下，坐在籐椅裏，／聽著與我同類的知識份子的歎氣：／「這種小職員生活再過五年——／只要五年我們就一定被毀壞！」／或者一個單身漢的同事／像問我爲什麼不喝酒一樣地／問我：「你呀，爲什麼不戀愛？」

這一插敘舊時天津「污穢」的句段，句子較長，節奏舒朗、緩慢，宜於低吟。而緊接著的下一段則不同：

對這一切我是如何厭棄！╱對我所有住過的都市！╱我的祖國，你的力量在哪裏？╱你靠什麼來抵禦敵人，保存自己？╱到底誰是你的最忠實的兒女？╱你說話呀！╱你為什麼不說話？╱是誰捏住了你的頸子？

相比而言，這一段詩行比較短促，多用感歎、詰問句式，節奏緊促，語調剛堅上揚。而這些多樣的藝術風格，又統一於表現內容、傳達詩人情感的需要。

無論從哪方面說，他的終卷詩《何其芳詩稿》都是值得珍視的。

【注　釋】

①②③朱寨：《腦力勞動者——關於何其芳同志的素描之二》。

④⑤牟決鳴：《〈何其芳詩稿〉後記》。

⑥荒蕪：《我所知道的何其芳同志》。

第八章　小說創作　壯志未酬

一、小說創作欲的萌生

可以說，在一九四五年以前，《漢園集》、《畫夢錄》、《刻意集》、《還鄉雜記》、《預言》、《夜歌》、《星火集》等詩文集的出版，就已牢固地確立了何其芳的詩人、散文家的地位；一九五九年與一九六四年出版的《沒有批評就不能前進》和《文學藝術的春天》等論文集，又使他成了無愧於時代的文學評論家。

何其芳帶著詩人、散文家和文學評論家的盛名離開人世，竟留下了一部「未完成的『無題小說』」！他的去世太突然了」。可以說，何其芳又是帶著種種遺憾匆匆離世的，這遺憾之一，也許就是長篇小說創作的心願始終未能了卻。

何其芳回憶：「由於私塾生活和家庭生活的暗淡，我從十二歲起就養成了在假期中自己讀書的習慣。起初是迷於讀舊小說。我常常從早晨一直讀到深夜。當然，有許多小說並沒有價值；但有名的作品《三國演義》、《水滸》、《西遊記》、《聊齋志異》等，也就是在這時候讀的。」①

在《寫詩的經過》一文中，他還引述高爾基的觀點：「創作的欲望可以在兩種不同的情況之下發生：一種是由於生活的貧乏，一種是由於生活的豐富。在前一種情況之下就產生了美化生活和裝飾生活的浪漫主義，在後一種情況之下就產生了眞實地赤裸裸地描寫生活的現實主義。我之所以愛好文學並開始創作，就是由於生活的貧乏，就是由於在生活中感到寂寞和不滿足。」

一九二九年至三〇年上半年，何其芳在上海中國公學讀書時，就是該校的幾支有名的筆桿子之一。在此期間，何其芳寫了不少詩，同時他還寫了一部中篇小說，雖然未得以發表，使他感到辛酸，但並不因此而氣餒。他曾經說過，「對於人間的不合理，他要『憤怒去非議』」，他覺得「只有寫長篇小說才能容納我對於各種問題的見解，才能紓我精神上的鬱結。」

二、《王子猷》和《浮世繪》

從小徜徉在古代小說的藝術世界裏，對生活感到寂寞和不滿的情緒，周圍「有名的筆桿子」的相互影響以及詩歌形式對作者抒發感情、表達見解的限制，促使何其芳萌生了創作小說（特別是長篇小說）的念頭，隨著他的生活經歷的不斷豐富，這種願望也越來越強烈。

何其芳在《〈刻意集〉三版序》中說：「《浮世繪》是我一九三六年在天津開始寫的長篇小說。因爲忙於生活和職業，我只寫了計畫中的十分之一左右便停止了。現在，我倒並不因爲它的沒有完成而感到不痛快。由於對於中國這民族和它的社會還不大瞭解，由於還沒有一個進步的世界觀，人生觀，由於還不知道現實主義的創作方法，假若我那時寫完了它，它一定不過是一部荒唐的書，古怪的書。留待將來我再來寫那些中國的個人主義者，中國的羅亭和另一些還沒有名字的人物，一定是更勝任一些的。而這四個斷片，可以說是完全穿上了幻想的衣服的現實，在現在想來，已經近乎古董之類的東西了。把它和《王子猷》和《夏夜》放在一起倒是很合適的。我可以給這本書另外取一個名字：《一些失敗了的試作》。」

《王子猷》、《浮世繪》這兩部小說，何其芳自認爲是「失敗了的試作」，這只是作者「現在想來」的謙詞，如果把它們擺在當時特定的背景下來看，還是值得玩味的。

《王子猷》，取材于劉義慶的《世說新語》中的王子猷「乘興而行」的故事：

王子猷居山陰，夜，大雪，眠覺，開室，命酌酒，四望皎然。因起彷徨，詠左思《招隱詩》，忽憶戴安道。時戴在剡，即便夜乘小船就之。經宿方至，造門不前而返。人問其故，王曰：「吾本乘興而行，興盡而返，何必見戴？」

這則故事，與魏晉南北朝時期的其他志人小說一樣，只是「搜奇記逸」，「粗陳梗概」，尙嫌粗疏。而何其芳的這篇「故事新編」則不同。它的成功之處首先在於，既忠實於文獻，又擴其波瀾，使故事情節生動、宛轉，同時隨著人物行跡的位移，勾畫了一幅幅生動的畫面，語言遠比原作優美華麗，富有詩情畫意。例如下面一段描寫：

> 微顫的歌聲飄散在幽闇的水面，如粒粒珍珠沉下，沉下深邃得像一個古代的被忘卻的幽夢的河底。又輕輕地閃起，閃起到像一群高舉的鳥翅摩觸到天空，因爲無一片雲彩的天空是如此低垂。最後，消失了，如瓣瓣落花被流水帶到永不回來的地方，如網網青色的夢紗在醒來的晨光中消隱。

類似於這樣的描寫還有不少，這既創造了特定的環境，烘托了人物的心理，又推動了故事情節的發展，從而使小說生動瑰奇，增強了小說的美學意味。

其次，作者不再是爲了「搜奇記逸」，而是在「有意爲小說」。以老莊哲學爲內核的魏晉風度形成了一種特定的道德風尙：蔑視禮教，率性任眞，順其自然。在行爲舉動上，則表現爲任誕放達。當時的士族名士有意玩弄風度、風流自賞的情態。他們崇尙「自然」，主張適意而行，不受任何拘束，原作就反映了這種「魏晉風度」和「名士風流」。而何其芳的《王子猷》卻明顯地突破了原作的窠臼。

《王子猷》創作于一九三二年。當時，作者在北京大學哲學系學習。在此之前，他在學籍上遭到了挫折，進入北京大學之後，枯燥無味的哲學功課使他打瞌睡，使他感到寂寞，使他覺得自己「不適宜於弄學問」，於是只和三個弄文學的同學有一點兒往還，在這種情形下開始了他的獨語。「接著我就編織一些故事來撫慰我自己。正如我們有時用奇異的荒唐的傳說來撫慰那些寂寞的小孩子一樣。這自然不過是一種逃避。」未來的道路怎麼走？這不能不使他陷入苦悶，但儘管苦悶、傷感，當時他是無法爲自己找到一個滿意的答案的，只能「乘興而行」。他冷落了哲學而熱心于文學創作。從這個意義上說，《王子猷》是他自己獨特的感受的折射，同時也反映了這一歷史時期知識青年鬱悶、彷徨的心理，小說賦予了王子猷以新的典型意義。說這篇小說是「失敗了的試作」，這也許是作者從要求小說能夠反映現實的、激烈的社會鬥爭生活來說的。如果從這一角度來看，它確給人一種脫離現實的「懸空」的感覺。當然，要求每一篇小說都要反映時代的面貌和社會鬥爭生活，這也是不適當的。

《浮世繪》，是何其芳在一九三六年寫作的未完成的長篇小說，在一九四〇年第三版的《刻意集》中刊載了《蟻》、《棕櫚樹》、《遲暮的花》、《歐陽露》這四個斷片，其中塑造了幾個個性鮮明的人物形象：

勞子喬，是一個哲學家。一天午餐後獨自走到郊外，「在他半裸露的手臂上，爬著一匹黑色的蟻」，當「我們的哲學家正在思考著偉大的問題時咬了他一口。」他把它捉住，放在身邊的一塊白色手絹上，守著它，掐一根青草撩撥它，開始他的對蟻獨語：

在宇宙的無限之前，我們不是顯得一樣可憐嗎？我眼裏的高山和你眼裏的一塊石頭有什麼大小嗎？被戲弄著，被折磨著，顛沛流離於無窮的引誘和阻止之間的人，不是永遠屈服在一種冥冥的手指之間還像你一樣驕傲自滿以爲能逃出它的勢力嗎？

「勞子喬的自以爲思考著永恆的生命之謎的獨語，其實是兩次世界大戰間文學界意識形態的回聲。它迴響著T．S．艾略特將客觀世界和人的內心都看成荒原般的絕望；它迴響著厄勒斯特．海明威的死亡與毀滅的主題；它有似賽珍珠在她描寫的被播弄的玩偶家庭模型中的寓意。強大的權力之手和非正義的戰爭與暴力，是二十世紀初的冥冥中的命運之神。人世的熙熙攘攘，個人的幻想與掙扎，都抗拒不了悲劇的結局。作爲一個客觀唯心主義者的勞子喬，又加上中國文化傳統中將無垠的宇宙，無盡的時間對照生命的渺小與短暫的古老命題，和對芸芸衆生的觀照與哀憫。」

歐陽延陵，堪稱「爲藝術而藝術」的信奉者。他認爲，如果是一個音樂家，當他聽到「一種更切要的生命的呼號；一種共同的不幸所聚集起來的憤怒；或者一種瀕於危急的叫喊」，他既不應「悲歎的闔上琴坐在房子裏從絕望到絕望」，又不應「突然擊碎他的琴從窗子裏跳出去追隨著那些在街上擎著火把的人們歌唱」，他應該「堅忍的做他自己的工作，」

因爲「一時的緊張和粗著脖子的叫喊終會過去的，因爲我們正常的生活是靜靜的談話，工作。」他主張「文學可以成爲一種獨立的藝術」，「文學將不附於任何宗教之上。」他是一個「現代隱士」。

應麟生，是勞子喬在海濱公學的同學，上校軍官，歐陽延陵的朋友。他有一個未經結婚的太太，而且有一個舒服的院子。他想過一些孤獨的安靜的日子，常常泡在咖啡館裏，一面望著各種不同的臉，一面吃他的晚餐。他以玩世不恭的冷言冷語，講述一些使人驚奇的故事，以博得咖啡館侍女的歇斯底里的叫喊。他自己說：「我是厭倦的又貪婪的用我的杯子盛著各種顏色的酒獨自痛飲。」他是頹廢的「垮掉的一代」的典型。

歐陽露，歐陽延陵的養女。至於她的出身，歐陽延陵是這樣向她解釋的：

「當他年青時候他住在北方，有一個女孩子帶著好意和他親近，他很是驕傲但終於感到愛情是不能拒絕的。他們過了一個快樂的夏季便墜入了現實的荊棘裏。有一位年輕的親戚早已對她傾慕，而且她曾經允許過他一個希望，一個約言，這時突然從家鄉回到這北方城市裏來了。在一次爭吵的會晤後他回學校去吃了有毒的藥品，但被發覺了，被送到醫院裏去救治。那女孩子是十分痛苦，驚惶，老是哭泣。她顯然曾經對那位勇敢的自殺者有過愛意。而我們這位歐陽先生或者我的父親呢，他覺得他受了更大的損傷，他像一個狂人似的自語著，『這是命運的嘲笑，我不能忍受。』於是他驕傲的而又溫柔的和那個可憐的女孩子分別了。她後來就嫁給那個自殺未遂的男子。」

「當他在那幕悲喜劇裏扮演了那高貴的角色後，他旅行到一個陌生地方，突然大病了。他在一家醫院裏療養了很久。同時那醫院裏住著一位不幸的女子，她從家庭裏隨人私奔到外面來不久又被棄了，僅僅被遺留下一些錢和一個未生的孩子。孩子出生後她便死了。當歐陽先生或者我的父親知道這件事後，他帶著一種宗教性的哀憐把那將被送到育嬰堂的女孩子領了來，雇一個保姆撫育著，當作他自己的孩子。」按照歐陽延陵的說法，這女孩就是歐陽露。

歐陽露向她的戀人轉述了歐陽延陵所講的「故事」之後說：

> 你以為我應該替我那可憐的母親哭一會兒嗎？我不，正如我不替歐陽先生哭一樣，他以為他那高貴的舉動會使我十分悲傷的。但是我說，世界上為什麼充滿了無數的不幸呵？這倒是使我很憂鬱的。

歐陽露既不願為她的「母親」哭泣，又不願為歐陽延陵哭泣，在歐陽露看來，他們都是不合理的婚姻理念的犧牲品。特別是歐陽延陵，他的舉動看起來是「高貴」的，然而又是「拙劣」的「悲劇」。世界上無數婚姻的不幸，正是由於這種軟弱所造成的，這使歐陽露感到「悲傷」、「憂鬱」。也正如應麟生所說：「我覺得有時人們離幸福很近很近，一伸手便可觸到，但很多人還是喪失了它。」

歐陽露與應麟生幽會，她毫無顧忌，毫不曲折地說出自己的情感。但當應麟生說：「假若我們今晚就動身離開了這裏」，歐陽露則馬上說：「那一定沒有我。」她對幸福婚姻的追求是執著的、大膽的，同時又是認眞的。這恰恰是對歐陽延陵和她的「母親」的婚姻理念的反撥，表現了「五四」以後要求個性解放的新女性的精神風貌。從這個意義上說，歐陽露堪稱《浮世繪》中最具光澤的人物形象之一。

由《王子猷》到《浮世繪》，是何其芳小說創作上的一次飛躍。從取材上來說，寫《王子猷》畢竟還是「借米下鍋」，而寫《浮世繪》，已經是作者自己「找米下鍋」了。可以說，《浮世繪》才是作者眞正的小說「創作」。

三、探索與困惑

儘管何其芳對《王子猷》和《浮世繪》這兩個作品不很滿意，但他創作小說（特別是長篇小說）的願望始終非常強烈。這種強烈的願望主要表現於他對長篇小說創作藝術的不懈的思考、探求和對小說素材的搜集。

據蘇執回憶：一九四六年何其芳在重慶工作期間，他曾「說起剛讀完的《約翰・克利斯朵夫》，他從積極方面分析了主人公個人奮鬥的社會意義，他不喜歡作品最後一部大量講述音樂理論，認為這是無助於刻劃人物的生動形象的。接著，又說起巴金的《家》在青年讀者中的巨大影響，從而使他產生想以自己青年時代的經歷寫一部長篇小說的強烈願望。」④他想把那些當年在他周圍的舊制度的叛逆者，放在鬥爭的洪流中去表現他們的成長。可見，他不僅在考慮「寫什麼」，同時已經在考慮「怎麼寫」。

一九五〇年，何其芳曾說：「我沒有寫過小說，但決心試試，想先從兩方面作些準備：一是把歐洲十九世紀和蘇聯幾個重要作家的作品，以及我國的幾部古典小說再仔細讀一讀，研究一下它們的結構和刻劃人物的手法；一是把我參加土改時記的筆記整理一下，寫個故事梗概。周立波的《暴風驟雨》是從土改工作隊進入村子時寫起，丁玲的《太陽照在桑乾河上》，是從富裕中農和地主兩家對將要開始的土改運動的不同反映寫起。我想換一個寫法，又覺得很難，因為整個土改過程一開始總是訪貧問苦，紮根串連，開展訴苦。或者從鬥爭地主的大會寫起，讓小說中的主要人物都在這次大會出場，可是人物多了又不能給讀者留下印象。怎樣有個好的開頭，實在是個難題。你看，許多優秀作品的開頭都很不一樣，而且一下子便吸引你非讀下去不可，為什麼就想不出一個別的更好的開頭呢？」⑤

何其芳不僅研究小說的結構和刻劃人物的手法，而且把反映土改運動的同類題材的小說作了比較思考，他要「換一個寫法」，要想出一個新穎的又能吸引人的開頭，寫他的反映土改運動的長篇小說。

大約是在一九五一年春末夏初，他開始動筆寫作反映土改的長篇小說。他拿寫出的開頭幾章徵求同事們的意見。沒等同事們發表意見，他就作了自我否定：「看看吧，寫了幾章好像還沒有把讀者引進故事的環境，而且主要人物一開始便全部上場，結果沒有一個能給讀者留下較深的印象。人物對話也缺乏個性。我眞沒有信心，沒有把握。」⑥

何其芳對自己作品的要求是嚴格的，他的創作態度是極其嚴肅的。此後，再也沒有提起寫這反映土改的長篇小說的事情。因爲，他已經轉移了「陣地」。

一九五九年左右，何其芳回四川一次，目的之一，就是爲了搜集創作長篇小說所需的素材。他找了幾位老人談話，並做了詳細的記錄。

在他去世前的一九七六年春，他又回四川，爲寫他的長篇小說繼續搜集素材。他還打算回延安一次，目的也在於此，但終於未能成行。

何其芳想寫另一部長篇小說，以反映舊制度的叛逆者的成長過程。就在他最後一次從四川返回北京之後，便抱病開始了新的筆耕。

四、無題長篇遺稿

寫長篇小說，這是何其芳幾十年中的一個願望，他於一九七七年溘然長逝，留下了一部「無題小說」的幾個斷片，也許就是他所要創作的長篇小說的開頭部分。

這部無題長篇斷片遺稿，由他的夫人牟決鳴整理，一九七九年刊於四川人民出版社《何其芳選集》第三卷，約五萬五千字，共分十八節。這十八節的大體內容是：

㈠董千里、杜璞和龍於野這三個十幾歲的少年人走在通往山區農村的山路上，他們是縣裏的中學的同學。董千里和杜璞是在縣城長大的，家在鄉下的龍於野邀請他們到他家去玩幾天，順便參觀農村。

㈡龍於野家是「大財主」：深宅大院，高大的房子，三四進深，天井有八九個，連死人的墳墓也很講究，這與農民的土牆茅草小屋形成了鮮明的反差，他們談論著造成貧富懸殊的原因和改革現實的辦法。龍於野也表示自己「不願意吃這剝削飯」，而「願自食其力」。

㈢龍家設家宴爲杜璞和董千里洗塵。吃的是「鹽子席」。一個錫做的大鹽子，蒸有一半隻雞，一半隻鴨，一塊新鮮肉，還有金鉤、海參、龍眼、洋菜之類。另外配了四盤炒菜。杜璞在感謝菜肴「太豐盛」的同時又加上幾句：「我們這一頓飯花的錢，恐怕夠一個貧苦農民吃幾十天吧，恐怕要一個農民勞動幾十天才掙得到吧！」席間，對是否要改變這不合理的現實有所爭論。

(四)龍于野的父親龍雲從是個迫害狂，害怕龍于野之兄龍于田奪去財產並謀害他。被龍于田囚禁在一間空空的屋子裏。他自稱「是一個亡國之君，落難了。」他不承認自己有病：「我有什麼病？說我有病的人是他自己有病。他害的是自私自利病。他害的是損人利己病，他害的是財迷病，他害的是謀害人的病，他害的是說誑病，他害的是奸詐病，他害的是『有錢能使鬼推磨』病」。「瘋話」中包含著人世醜相的清醒認識。

(五)龍于田對席間杜璞不滿於現實的言論表示反感，並勸告龍於野少和這些人來往，以免「將來要受到牽累」。

(六)夜間，龍家風波迭起。龍于野的瘋子父親放火焚燒囚室，逃跑；一波剛平，一波又起，龍于田企圖姦污丫頭瓊華，瓊華反抗，喊「救命」，驚醒了龍于田的妻子，接著便是打罵、毀壞嫁妝擺設，鬧得紛紛攘攘。

(七)董千里與杜璞在回城的路上，董千里清楚地意識到：「我們在鄉下看見了殘酷的事情，醜惡的事情，使人憤怒的事情。我們回到縣城裏還將碰到更殘酷的鬥爭，更複雜更艱苦的鬥爭。」也感到政治的暴風雨即將來臨。

㈧董千里的父親董少仇是歷史教員，講課常常發表自己對現實不滿的見解，很受學生歡迎，特別是思想比較激進的學生，更容易與之產生共鳴。

㈨董少仇的姐姐董少芬是一個不幸的婦女，二十歲時以父母之命，媒妁之言，出嫁到鄰縣的一個中小地主家裏，因無法忍受其丈夫和曾是妓女的小老婆在同一的屋頂下過活，回到她弟弟董少仇家，撐持董少仇喪妻之後的家庭所有事務。她雖然沒有受過新式教育，但對許多事情有她自己的看法、選擇、判斷和道德標準，她對董少仇的行爲差不多都是無聲的贊成。

㈩董少仇所在學校，原來的名字叫趙家花園，是當時一個大地主的兒子趙德熙，和他的幾個相信所謂「教育救國」的幾個同學籌辦的私立中學。趙德熙是這所學校的首席校董兼校長。成了這個小縣有名有勢的地方紳士兼「教育家」。

⑾趙德熙設置圈套，企圖從政治上陷害董少仇，準備暑假後發動該校風潮，掀起「驅董運動」，被杜璞得知。杜璞建議董少仇「不能示弱」。

⑿擁護董少仇的學生與校長趙德熙爭論，爲董少仇辯護，要求趙德熙公開發表聲明：承認教師有按自然科學和歷史科學講課的權利，並不因董少仇那樣講課就逼他辭職；承認董少仇是一個教課認眞、受學生尊敬和擁護的教師，反對在學校鬧什麼反董風潮。

⒀董千里在他的父親和姑母的兩種相反的教育方法下長大，形成了其性格上的兩重性和

矛盾性：「一方面，他似乎是堅強的，能夠吃苦耐勞，能夠耐住比較貧苦而又單調的生活，從不表示要求更多的東西，也性情溫和，從不發什麼脾氣，也不發什麼怨言。但在他內心的深處，卻是對他的童年和少年的生活、環境是不滿的，朦朧地希望他的生活、環境改變的，而且，他實際上是軟弱的，和許多少年人一樣，是容易感傷的。」他對生活和環境的不滿，以閱讀文學作品得到了補償。

⒁董千里讀小說入迷，以致產生過「一個帶著渴望的幸福奇異的幻想：『在這個寂寞的小縣城裏，在他的狹小的缺乏歡笑的生活裏，突然出現了他的一家親戚，或者是他父親的朋友，出現了那樣一個家庭，有比較寬大的房子，有這樣的花園，林蔭道，草地，清潔，有秩序，快活，溫柔……家庭的成員，老的和少的都對他友好，親切……其中的中心是一個像桑妮亞一樣的美麗、善良、純潔的少女……他一下子就愛上了她……』」當他從幻想中清醒過來時，又覺得現實中的「一切都一概是平凡的，沒有什麼吸引人和誘惑人之處」。

⒂杜璞的父親杜大光，是個木匠師傅，在家門外面臨街開了一個木器小作坊，生活貧困。這使杜璞眞切地感受到：「眞是種莊稼的人沒有米吃，織布的人沒有衣穿，蓋房子的人沒有房子住，爸爸做了一輩子木器活，家裏卻連凳子都沒有幾個。」

⒃在成都讀完初中的兩個少女，去北京升學，因中途需等船，經人介紹在董家暫住，與

董千里相識。

㈦晚上，董少芬帶董千里和兩個少女到城牆上乘涼。少女的新鮮、圓潤而又纏綿的歌聲和歡笑聲「來到了董千里的還沒有鋤動的深深埋藏著愛情之芽的心田。」

㈥兩個少女邀請董千里到她們暫住的屋子裏聊天，他們從功課談起，從閱讀英文課外讀物談起，交換彼此學校的功課情況，英文老師教英文的情況，課外讀書的情況，談話儘管瑣碎，無關重要，但談得很有興味。董千里講了一段小美人魚的故事，他害羞地避去其中愛情這個情節不說。最後，她們與董千里相約：「再見，在北京！」

這十八節長篇遺稿，自成格局，輪廓清晰。

董千里，是三個少年中的主角，明顯地帶有作者少年生活的印記。

杜璞，木匠的兒子，他相信農民被剝削的問題總是會解決的，但不是靠哪一個人來解決，而是靠農民自己，靠革命。他希望龍於野在革命到來的時候，要作個革命派，不要反對革命。這就預示著杜璞未來可能成爲職業革命者。

龍于野出身于地主之家，未來他有理由得到一份家產，但此時全部家業仍掌握在他哥哥的手裏。他的發展趨勢雖然尚不明顯，但他已經向杜璞表白：「我才不願意吃這碗剝削飯呢！我願意自食其力。」

這三個分別出身于知識份子、城鎮工匠和農民的少年，是這一代青少年的代表，他們少年時代的生活和思想，為這部長篇小說的情節的後續發展提供了廣闊的空間。可是，因作者的去世所造成的缺憾是再也無法彌補了。

五、一點「牢騷」

何其芳的長篇小說創作壯志未酬。這一遺憾，給人留下頗多的思考。

曹丕在《典論‧論文》中說：「夫文本同而末異，蓋奏議宜雅，書論宜理，銘誄尚實，詩賦欲麗。此四科不同，故能之者偏也，唯通才能備其體。」因文章的體裁和表現方法有所不同，一般說來，一個創作家往往不能「備其體」，這是符合文學創作規律的，也是被文學史所證明了事實。但從另一方面來看，能兼備多種體裁的「通才」也並非絕無僅有。從何其芳的創作實績來看，他擅長詩歌、散文，而在小說創作上，也同樣顯示了他的創作才華，只是客觀條件影響了他的這種才華的進一步發揮而已。

何其芳回憶說，一九四五年九月的一天，周恩來找正在延安魯迅藝術學院工作的何其芳談話，決定調他到重慶去做統一戰線工作，何其芳表露了畏難情緒，受到周恩來的批評，「我再不敢吭聲了。我回到魯迅藝術學院東山的窯洞裏，連夜收拾行裝，連夜帶著我的妻子和一個不滿一歲的小孩，趕到延安南門外交際處。天一亮就上車，就全家出發了。」「我這樣迅速地按照命令行動，自己覺得還像一個戰士。這樣好像我已經用行動來改正了我的錯誤，一路上帶著奔赴新的戰場的高興和奮發的心情，也就不怎麼感到內疚了。」⑦

何其芳是一個服從需要、聽從差遣的人。幾十年中，幾易工作崗位，從延安到重慶，從重慶到北京；從當教員到擔任行政領導工作，他始終是一個熱心於事務工作的人，又是一個十分忙碌的人。

但是，一個人的精力畢竟是有限的。當他談到工作需要和一個人的工作能力的問題時，他打比方說：「一個人只能挑一百斤，再努把力挑一百一、二十斤就可以了，如果一定要去挑一百五十斤，甚至想挑二百斤，那豈不是自討苦吃，並且實際上也挑不動嘛！」⑧

的確，在將近半個世紀裏，何其芳在工作上的負荷太大了。如果仿照他所打的這個比方，我們不妨這樣說，何其芳原本「只能挑一百斤」，但實際上他已經挑起了「一百一二十斤」，他「自討苦吃」，還想挑起一百五十斤，甚至想挑二百斤。他的負擔太沉重了。作爲一個普通人，每每想到因此而使自己的文學創作計畫「擱淺」，難免會有他的困惑和煩惱。

荒煤在《憶何其芳》一文中說：「一九五六年夏天，我們兩個人都因病住進北京醫院，難得的機會使我們又長談了幾次。他極爲熱情地談到他的工作，談到他參加的土改運動，不知不覺地談起了他的長篇小說。我也談到我的長篇小說的設想。最後，我們兩個都還發了點『牢騷』：『爲什麼我們兩個老是分配到行政工作崗位上，不能搞一段時間的創作，可是，我們兩個出了醫院，據我瞭解，我們都還是積極忙於自己的工作，沒有能提筆來寫長篇小說。』」

這是何其芳難得發的一點「牢騷」。這個「牢騷」，可使人們產生這樣的假想：

假如不是長期而繁重的行政工作擠掉了他的創作時間和精力，假如不是長時間從事學術研究而使他的頭腦「習慣於邏輯的思考，形象的感覺逐漸衰退」，也許何其芳不僅是一位著名的詩人、散文家和文學評論家，而且極有可能又是一位優秀的小說家。

【注　釋】

①何其芳：《寫詩的經過》。

②何其芳：《給艾青先生的一封信》。

③章子仲：《年輕人與年輕人》。

④蘇執：《何其芳同志與一九四六年重慶的文學活動》。

⑤勞洪：《認眞・嚴謹・樸質・熱忱——回憶何其芳同志》。

⑥⑧同注⑤。

⑦何其芳：《回憶周恩來同志》。

後記

何其芳是一位著名的詩人、散文家、文學評論家，同時又堪稱著名的政治活動家。他是中國現代由自發的憤懣走向自覺的反抗、鬥爭的知識份子的一個典型。他的一生經歷了多次的社會動盪和變遷，他的業績並不是一本薄薄的小書所能錄載得了的。這裏，只試圖對他的生平、文學創作以及新詩理論作一梳理，勾畫出一個大致的輪廓。

作爲詩人、散文家的何其芳，隨著他的文學觀念的轉變，他的創作風格也發生了明顯的變化。他自己說：「抗戰以前，我寫我那些《雲》的時候，我的見解是文藝什麼也不爲，只爲了抒寫自己，抒寫自己的幻想、感覺、情感。後來由於現實的教訓，我才知道人不應該也不可能那樣盲目地，自私地活著，我就否定了那種爲個人而藝術的錯誤見解。抗戰以後，我也的確有過用文藝去服務民族解放戰爭的決心與嘗試。但由於我有些根本問題在思想上尚未得到解決，一碰到困難我就動搖了，打折扣了，以至後來變相的爲個人而藝術的傾向又抬頭了。」這一變化，首先體現在他的《預言》和《夜歌》這兩個詩集中。作者說：「我的第一個詩集即《預言》。那是一九三一年到一九三七年寫的。那個集子其實應該另取個名字，叫做《雲》。因爲那些詩差不多都是飄在空中的東西」；而在作於一九三八年至一九四二年的《夜歌》中，則「有一個舊我與一個新我在矛盾著，爭吵著，排擠著」。藍棣之評論說：《預言》這本詩集的三卷詩，「還是卷一最有特色，」「較好地體現了象徵主義詩風的特點，也較好地表現了一個耽愛藝術與唯美的青年的內心世界，」「從內容說一卷比一卷開闊，愈到後來，愈走出了自己的天地，但從藝術上看，一卷比一卷粗糙起來了，後面不如前面。」「《夜歌》是對於小布爾喬亞知識份子在一個拯救民族的存亡爲己任的以農民爲主體的武裝集團裏所面臨的思想情感問題的詩性回答；一方面是以教育別人，一方面也是爲了要求自己。這些詩篇的重要特點是它的眞誠，眞誠地追求著，眞誠地改造著，讓人相信他的目標是走向進步，走向光明，走向理想境界」（《何其芳：傾聽飄忽的心靈語言》）。

何其芳散文風格同樣有一個演變的過程。他在《夢中道路》中自我解釋說：「我喜歡那種錘煉，那種色彩的配合，那種鏡花水月。我喜歡讀一些唐人的絕句。那譬如一微笑，一揮手，縱然表達著意思但我欣賞的卻是姿態。」他的《畫夢錄》雖然只有十六篇散文，竟用了兩年多的時光才雕琢完成，完全是作者雕飾幻想的結果，幾乎沒有直接反映現實生活的篇章。抗日戰爭爆發以後，加速了社會的蛻變，也改變著人們的心態和藝術價值的取向，何其芳原先的散文必然失去衆多的讀者，使何其芳否定和改變了早期的散文風格。《還鄉雜記》否定了《畫夢錄》，《星火集》否定了《還鄉雜記》，《星火集》第四輯裏的文藝理論又否定了前三輯的雜文報告和散文。他的散文創作走出了一條否定之否定、不斷探索的道路。

關於建立現代格律詩的主張，堪稱何其芳在創作理論上的一大建樹。之所以提出這一主張，他自己說：「就是因爲五四以來雖然有人作過建立格律詩的努力，然而還沒有成功的緣故。這是因爲我認爲我國古典詩歌和民間詩歌的體制限制較大，還有必要建立一種新的格律詩符合我們的現代口語的規律，表現能力更強，樣式和變化也更多，因而我估計它有大發展的前途。」同時，他並「沒有否認過歌謠體和自由體」。他提倡新詩要百花齊放，除了首先向我國古典詩歌和民間詩歌學習而外，還必須擴大眼界，敢於吸收世界許多國家的大詩人的作品的營養，要有「千彙萬狀，兼古今而有之」的氣魄。何其芳的詩作，也正體現著這樣的氣魄和精神。

在撰寫這本書稿的過程中，筆者力圖「秉持設身處地、還原情境、正視後果、多面探掘等原則，並采宏觀與微觀兼具、大歷史與小歷史並重的寫作態度」，以再現何其芳的人格風貌、文學業績和創作風格的演變軌跡以及他的心路歷程。至於是否準確而圓滿地體現了這些原則和態度，筆者就不敢自信了。

我要感謝張堂錡教授的熱心推薦和親臨指導。作爲一個作者和讀者，我要感謝彭正雄社長所主持的文史哲出版社，在出版界商業氣氛較濃的情況下堅持出版包括這套系列叢書在內的學術著作。

由於時間倉促，加之筆者的學力有限，書中錯誤在所難免，懇請方家多多賜教。

廖大國　於二〇〇二年九月二十日